KB231065

행복으로 가는 나침반

이형갑 · 고성자 · 홍성관 공저

감사의 글

무더위가 쏟아져 내리기 시작한 어느 날 부락산자락 조용한 찻집에서 백발의 신사를 만났다. 한여름 낮이라 손님이라곤 둘뿐이었고 다행히 산을 타고 내려온 서늘한 공기와 나무냄새가 정신을 맑게 해주고 있었다. 백발의 신사는 우리의 많은 청소년들이 자신의 꿈도 모르고 열정 없이 성장해 나가는 것을 몹시 안타까워했다. 그 분이 이형갑 대표이셨고, 우리는 그 분의 뜻에 따라 청소년의 진로준비행동 향상을 위한 셀프리더십 프로그램을 개발하게 되었다.

예비 프로그램을 진행할 때 만났던 학생들 중 환하게 웃던 스무 살 고3 학생이 있었다. 프로그램 진행 평가를 위한 마지막 시간에 학교에서는 단 한 번도 웃어본 적이 없었던 학생이라며 인솔교사가 놀라움을 감추지 못했다. 좋은 프로그램을 만들기 위한 여러 논의 과정은 가끔씩 불협화음을 자아냈었기 때문에 그 학생의 밝게 웃는 모습은 우리에게 정말 큰 힘을 안겨주었다.

이 책은 제1부와 제2부로 나누어져 있다. 제1부는 여러 현장에서 프로그램을 진행할 수 있도록 프로그램 운영에 대한 부분을 자세히 다뤘고, 제2부는 연구의 과정을 그대로 담았다. 연구보고서를 통째로 올린 데에는 여러 이유가 있지만 제일 중요한 이유는 연구원들의 노력을 살리기 위함이었고, 후속 연구를 위한 밑거름 역할을 하고 싶은 생각이 컸기 때문이었다. 제1부는 프로그램의 실제에서 학교를 비롯한 청소년을 위한 어떤 단체에서든 이 프로그램을 운영할 수 있도록 세밀하게 지도안을 작성하였다. 그만큼 현장에서 많이 활용되기를 바라는 마음이 크기 때문이다. 그럼에도 불구하고 프로그램 활용에 있어 이 책이 다소 미흡한 부분이 있더라도 너그러이 이해해 주기를 바란다. 더불어 이 책이, 청소년 프로그램을 연구하는 관련분야 전문가들과 학생들에게 좋은 연구자료가 되길 희망하고, 현장에서 청소년들의 꿈과 진로를 탐색하고 발견하는 데에 실제 도움이 될 수 있는 좋은 길라잡이로 널리 사용되기를 기대한다.

연구를 하여 책으로 나올 수 있도록 해주신 이형갑 대표께 진심으로 감사를 드린다. 그 분의 뜻처럼 이 책이 청소년들에게 꿈을 찾고 스스로 자신의 꿈을 향해 나아가는데 도움이 되었으면 좋겠다. 더불어 연구 처음부터 마지막까지 같이한 이형화 선생님, 역동적인 집단상담 프로그램을 진행하기 위해 프로그램 계획안이 닳도록 고민한 박정아 선생님, 프로그램 실행에 만전을 기해준 전윤경 선생님, 자잘한 준비물 하나까지 놓치지 않고 꼼꼼하게 챙겨준 손은혜 선생님께 무한한 감사를 드린다. 또한, 한 컷 한 컷 예쁘게 그림을 만들어준 한국IT전문학교 게임그래픽학과의 김하얀, 정자은 학생 등에게도 감사를 전한다. 마지막으로 이 책이 좋은 모습으로 세상에 나올 수 있도록 도움주신 이은경 대표를 비롯하여 번거로운 작업을 깔끔하게 마무리 해주신 세경북스에 큰 감사를 드린다.

2015년 2월로 이어지는 시간에

저자일동

━ 그림 차례

Part 1

청소년의 진로준비행동 향상을 위한
셀프리더십 프로그램

01

프로그램 개요 및 운영 방안

🧭 프로그램 구성 및 목적

청소년들에게 셀프리더십을 키워주는 일은 그들이 자신의 행복한 삶을 만들어 가는데 매우 중요한 일이다. 셀프리더십은 '자신의 일을 수행함에 있어서 필요한 자기지시(self-direction)와 자기동기부여(self-motivation)를 하기 위해 스스로 자신에게 영향력을 행사하는 과정'이라고 정의하고 있다(Manz, 1986 ; Manz & Sims, 2001 ; Neck & Manz, 1996). 즉, 자신의 변화와 성장을 위해 스스로 목표를 설정하고, 동기를 부여하면서 행동과 사고를 바람직한 방향으로 이끌어가기 위해 행동 및 사고전략을 사용하여 자신에게 영향력을 행사하는 것이 셀프리더십인 것이다(Prussia, Anderson & Manz, 1998). 따라서 청소년들이 자신의 과업수행에 필요한 목표를 설정하고 동기를 부여하기 위하여 스스로 자기 자신에게 영향력을 행사함으로써 생각과 행동을 변화시키는 것은 자기 인생의 매니저로서 행복한 삶을 만들어 갈 수 있는 역량을 키워가는 것이기 때문에 중요하다 할 수 있다.

더불어 진로에 대해서 많은 고민을 하게 되는 청소년들에게는 진로준비행동 또한 중요한 일이다. 진로목표를 세우고 그에 따른 진로결정을 하더라도 진로준비행동을 하지 않으면 그 목표를 달성하는 데 어려움이 따르기 때문이다. 이에 본 프로그램은 자신의 진로를, 넓게는 자신의 삶을 보다 주도적이고 적극적인 자세로 설계하고 실행해 나갈 수 있는 역량을 키우는 데 도움을 줄 수 있도록 구성하였다. 간단하게 요약하면, 본 프로그램은 청소년들의 진로준비행동 및 셀프리더십 향상을 목적으로 개발되었으며, 〈표 1〉과 같이 구성되어 있다.

표 1.	진로준비행동 향상을 위한 셀프리더십 프로그램의 목적 및 구성	
프로그램 목적	**프로그램 구성**	**프로그램 세부 목표**
• 셀프리더십 향상	• 나의 나침반과 지도	• 프로그램 목적 이해하기
		• 자신의 성격특성 이해하기
	• 나의 N극과 S극	• 목표에 대한 갈등상황 분석하기
		• 바람직한 삶의 설계 필요성 인식하기
• 자아존중감 증진	• 내 나침반에 맞춰서	• 진로목표설정 및 설계하기
		• 진로 관련 정보수집하기
		• 목표달성 활동 실행하기
		• 자신의 성격 강점을 활용한 진로 준비행동 환경 조성하기
• 진로준비행동 향상	• 목표를 향하여-궤도 수정	• 목표 실패 원인 분석하기
		• 성공을 높이기 위한 방법 구상 및 적용하기
		• 실패와 성공 사이에서 경험하는 감정 수용하기
		• 문제해결능력 및 재설계능력 키우기
	• 나의 꿈, 나의 미래!	• 성취 보람 느끼기
		• 지속적인 행동을 위한 자기동기 부여하기

🧭 회기별 프로그램 진행 방식

프로그램 각 회기는 진행자의 활동설명, 실행, 피드백, 2차 활동설명, 2차 실행, 2차 피드백 등으로 직관과 체험활동을 통하여 학습의 효과를 증진시키고자 하였다. 진로와 관련하여 학생들이 느끼는 현실적인 문제에 초점을 맞추고, 그 상황에 대해 직관적으로 느끼는 느낌을 수용함과 동시에 미처 깨닫지 못했던 잠재의식을 드러나게 함으로써 사고의 확장을 가져올 수 있도록 몇 가지의 핵심질문을 던지도록 하였다. 전체 활동 설명은 진행자가 진행하면서 실시하나, 실행과 피드백은 모둠원들끼리 깊은 내면을 들여다 볼 수 있도록 충분히 할 수 있는 여건을 마련해 줘야 한다. 모둠원들끼리 피드백을 주고받는 활동에서는 현실적인 문제의 대안을 탐색하는데 중점을 두어도 좋다. 프로그램 진행시간은 45분을 기준으로 하였으나, 진행 여건에 따라 지도자가 학교 수업시간을 기준으로 시간을 조정하여 진행할 수 있으며, 블록타임(Block Time)으로도 운영할 수 있다.

🧭 프로그램 특징

본 프로그램은 청소년들을 대상으로 하는 진로준비행동 향상을 위한 셀프리더십 프로그램으로 직관과 도구활용 중심의 체험형 활동이라는 특징을 가지고 있다. 나침반과 자석이라는 도구를 활용하여 직관적으로 자신의 활동 결과들을 인식함으로써 인지와 행동의 변화를 촉진시킬 수 있도록 구성하였다. 총 10회기 동안 유기적으로 연계된 활동을 통하여 셀프리더십과 진로준비행동의 향상을 위한 실천적인 변화를 습관화 하는데 주안점을 두었다. 더불어 5D(Dream, Discovery, Development, Decision, Do) 모형을 개발·적용하여 행동변화를 위한 각인효과를 거두고자 하였다. 이는 셀프리더십의 기본인 '스스로 동기를 부여할 수 있는' 단서 역할을 할 것으로 기대한다.

02

프로그램 개발 개요 및 운영 방안

✦ 프로그램 목적

본 프로그램의 목적은 자기이해를 바탕으로 자신에게 필요한 리더십을 알고 셀프리더십을 향상시키는 것이다. 궁극적으로 자기 인생의 매니저로서 자신의 행복한 삶을 만들어 갈 수 있는 역량을 키우는 것이 본 프로그램의 목적이며, 구체적으로 표현하면 다음과 같다.

첫째, 청소년을 위한 셀프리더십 프로그램을 개발한다.

둘째, 셀프리더십, 자아존중감, 진로준비행동을 향상시킨다.

이러한 목적을 이루기 위한 프로그램의 구체적인 목표는 다음과 같다.

첫째, 자기이해를 바탕으로 한 셀프리더십의 필요성을 인식시킨다.

둘째, 셀프리더십의 전략 및 구성요소를 통하여 셀프리더십을 향상시킨다.

셋째, 집단상담을 통하여 타인에 대한 존중과 자신에 대한 긍정적 평가로 자아존중감을 향상시킨다.

넷째, 자신의 적성과 능력에 맞는 합리적이고 올바른 진로결정 및 결정사항 실행을 위한 노력 등의 진로준비행동을 향상시킨다.

프로그램 개발 원리

본 프로그램은 기본적으로 셀프리더십 전략을 바탕으로 개발되었다. 셀프리더십은 스스로 자신을 리드하기 위한 행동 및 사고방식에 초점을 둔 일련의 전략들로 구성되어 있다(Manz & Sims, 2001). 이러한 전략은 행동 지향적 셀프리더십 전략, 내적보상을 통한 셀프리더십 전략, 건설적 사고 전략에 초점을 둔 전략으로 〈표 2〉와 같다.

표2 셀프리더십 전략

행동 지향적 전략	
• 자기목표설정	과제 수행에 대한 자신의 노력을 위해 스스로 목표를 설정한다.
• 단서관리	자신의 바람직한 행동을 촉진하기 위해 작업환경 속에서 단서를 찾고 변경한다.
• 예행연습	어떤 활동을 실제로 수행하기 전에 그 활동을 신체적·정신적으로 연습한다.
• 자기관찰	자신이 표적으로 삼고 있는 구체적인 행동을 관찰하고 그 행동에 대한 정보를 수집한다.
• 자기보상	바람직한 행동을 했을 때 스스로 가치 있게 여기는 보상을 자신에게 제공한다.
• 자기처벌	바람직하지 못한 행동을 했을 때 스스로 자신을 처벌한다(이 전략은 일반적으로 효과적이지 못할 수도 있기 때문에 이러한 경우에는 스스로 교정하는 건설적인 피드백을 효과적으로 적용한다).
내적보상 전략	
• 과제의 자기재설계	과제를 수행하면서 내적보상 수준을 높이기 위해 무슨 일을 어떻게 할 것인가를 스스로 재설계한다. 내적보상은 과제 자체와 분리되는 것이 아니라 그 일부이다. 또한 내적보상은 유능감, 자기통제감, 선한 목적 및 의미를 가져다주는 활동에서 유래한다.
• 과제환경 여건의 재설계	과제를 수행하는 환경에서 오는 내적 보상을 높이기 위해 과제를 수행하는 환경을 재설계하거나 과제 수행 시간과 장소를 변경한다.
건설적 사고 전략	
• 건설적인 사고패턴 확립	자신의 사고 속에 건설적이고 효과적인 습관 및 패턴을 확립한다. 건설적인 사고패턴은 신념과 가정, 정신적 이미지(상상적 경험), 자기대화를 관리함으로써 얻어질 수 있다.

출처 : Manz & Sims(2001). *The new super-leadership*. 김남현(역). 슈퍼리더십. 서울 : 경문사(원서출판 2001). p.152

프로그램 모형

본 프로그램의 모형은 연구의 주제인 '진로준비행동 향상을 위한 셀프리더십 프로그램 개발'
에 맞는 5개의 핵심용어 앞 글자를 따서 5D(Dream, Discovery, Development, Decision, Do)라
명명하였다. 첫 번째 D는 Dream 꿈, 두 번째 D는 꿈과 이를 실현할 수 있는 방법들을 탐색하고
발견하는 Discovery, 세 번째 D는 꿈을 실현하기 위해 자신을 개발하는 Development, 네 번째 D
는 꿈을 실현하기 위해 실천을 다지는 각오와 결심 · 결정 Decision, 마지막 D는 행동으로 실천
하라는 의미의 Do이다. 5D를 바탕으로 한 모형은 [그림 1]과 같다.

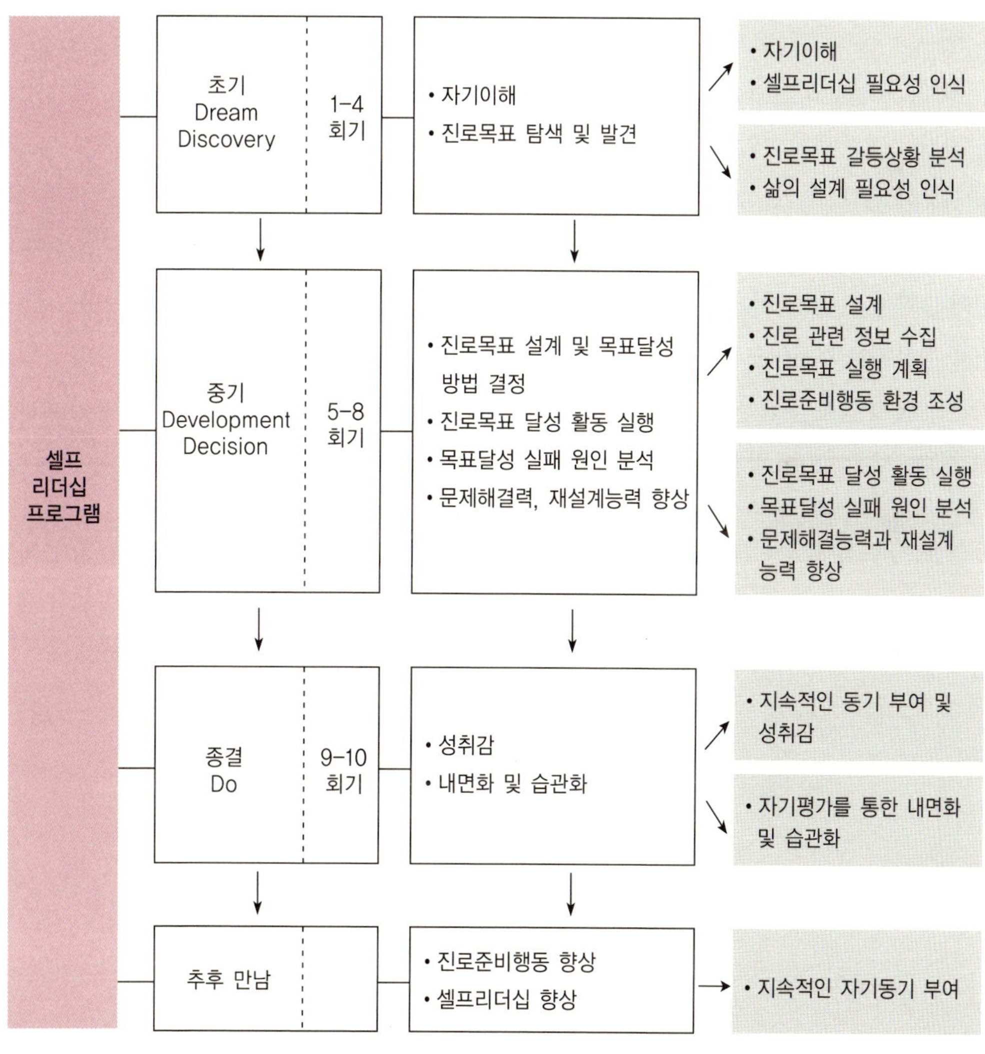

[그림 1] 셀프리더십 프로그램 최종 모형

프로그램의 구성은 셀프리더십 전략을 바탕으로 셀프리더십 향상과 진로준비행동 향상에 도움이 되는 활동으로 선정하여 구성하였으며, 각 단계의 목적과 목표에 가장 효과적으로 도달할 수 있도록 고안하였다. 5D(Dream, Discovery, Development, Decision, Do)모형의 단계에 따라 초기(Dream, Discovery)단계에서는 학생들이 자신의 성격특성을 이해하고, 진로목표를 탐색하여 바람직한 삶의 설계 필요성을 인식할 수 있도록 하였다. 특히, 이 단계에서는 집단 활동에 긍정적으로 참여할 수 있도록 학생들 간의 친밀감 형성과 집단 활동을 위한 분위기 조성에도 유의하였다. 이는 집단원 상호간의 신뢰감과 활동에 대한 몰입감 형성을 유도하기 위함이다.

중기(Development, Decision)단계에서는 진로목표를 설계하고, 모둠원들의 도움을 받아 진로와 관련한 정보탐색 방안을 확장하도록 하였다. 최종 선택은 자신의 의지와 결심·결정으로 실행 가능한 방안을 마련하여 자신만의 목표달성 활동들을 계획하고 실행으로 옮기는 것이다. 특히, 이 부분에서는 자기 성격의 강점을 활용하여 스스로 진로준비행동 환경을 조성하는 것이 자신의 변화를 위한 밑거름이 된다. 또한, 목표달성 실패 원인을 분석하고, 성공을 높이기 위한 방법을 구상하여 적용하도록 하였다. 이 단계에서는 문제해결능력 및 재설계능력 등 실행능력을 키우는 데 중점을 두었다. 더불어 프로그램 종결 후에도 지속적인 행동유지를 위하여 내적보상 전략들을 사용하도록 하였다.

종결(Do)단계에서는 자신의 목표를 이루기 위해 행동과 생각을 변화시키면서 자신을 올바른 방향으로 이끌어 가도록 내면화·습관화 시키는 것이 목적이다. 이는 꿈을 실현하기 위한 셀프리더가 될 수 있도록 변화의지를 심어줄 것이다. 이를 요약하여 정리하면 〈표 3〉과 같다.

표3 프로그램의 구성 및 목표

단계	프로그램 목표	프로그램 구성 내용
Dream Discovery	• 프로그램 목적 이해하기 • 자신의 성격특성 이해하기 • 목표에 대한 갈등상황 분석하기 • 바람직한 삶의 설계 필요성 인식하기	• 프로그램 소개 • 성격, 진로 영향 나침반 지도 그리기 • 성격검사 결과 이해하기 • 행복감과 불편감의 두 상황 • 높은 의자 & 쓰러진 의자 • 생각과 현실 : +/−
Development Decision	• 진로목표설정 및 설계하기 • 진로 관련 정보수집하기 • 목표달성 활동 실행하기 • 자신의 성격 강점을 활용한 준비행동 환경 조성하기 • 목표 실패 원인 분석하기 • 성공을 높이기 위한 방법 구상 및 적용하기 • 실패와 성공 사이에서 경험하는 감정 수용하기 • 문제해결능력 및 재설계능력 키우기	• 내 꿈의 지도 만들기 • 진로목표 달성을 위한 정보 탐색하고 수집하기 • 진로목표달성 활동 실행하기 • 행동수정일지 작성하기 • 행동수정일지 점검하기 • 30년 후 실패담 • 재설계-최종 지도 완성하기 • 걸어온 길, 걸어갈 길-꿈의 길
Do	• 성취 보람 느끼기 • 지속적인 행동을 위한 자기동기 부여하기	• 30년 후 성공담 • 변화의지 다지기 • 프로그램 마무리하기

🧭 프로그램 활용 방법

본 프로그램은 총 10회기로 구성되어 있다. 각 회기들은 연속적인 과정의 흐름을 갖고 있는 것이기는 하나, 참여하는 학생 및 여건 등을 고려하여 활동의 증·감 및 개별 혹은 모둠의 인원수를 조정하여 응용할 수 있다. 학교에서 창의적 체험활동 시간을 활용하여 핵심역량 강화와 접목시켜 운영할 수 있다.

1-2회기는 진로준비행동과 셀프리더십의 필요성을 인식하고 자신의 진로목표를 위해서 변화의지를 갖도록 하는 것이 목적이다. 이를 위한 참고자료로 자신의 성격유형에 대해서 이해를 하도록 하는 활동이 마련되어 있다. 지도자는 이 부분을 진행할 때 학생 자신의 잠재적 능력과 적성 혹은 강점 부분에 초점을 맞추어 성장을 촉진시킬 수 있는 활용방안에 관심을 갖도록 해야 하며, 자신을 이해하는 도움자료 이상의 의미를 부여하지 않도록 주의시켜야 한다. 더불어 자신의 성격과 진로에 영향을 미치는 것들이 무엇인지 탐색하는 나침반 지도 그리기 활동에서는 자신의 진로 및 직업선택에 영향을 미치는 사람, 영향을 끼친 경험 등을 깊이 있게 생각하도록 하고, 그 영향력을 자석과 나침반 바늘의 움직임을 통하여 직관적으로 볼 수 있도록 유도해야 한다. 이러한 활동을 통해서 학생들은 자신의 진로에 대해서 한 번 더 생각하게 될 것이고, 진로목표를 향한 변화의지를 갖게 될 것이다.

3-4회기는 무엇을 할 때 행복을 느끼고, 어떤 일을 할 때 몰입을 잘 하는지, 그리고 어떤 활동을 할 때 자신의 강점이 잘 발휘되는지를 깨달아 진로목표와 자연스럽게 연결시키는 것이 목적이다. 현재 자신의 진로목표를 위해서 무엇을 하고 있는지 점검하고, 해야 할 것이 있는데 하지 못하는 것은 무엇이고 그 이유는 무엇인지 생각해 보도록 한다. 또한, 진로목표를 위해서 하지 말아야 할 것 혹은 하고 싶어도 참아야 할 것은 무엇인지, 하지 말아야 할 것을 계속하고 있는 이유는 무엇인지 생각하고 각각의 예상되는 결과들을 머릿속에 그려보도록 한다. 이로써 목표에 대한 갈등상황을 분석하고 바람직한 방향으로의 설계가 필요함을 인식할 수 있을 것이다.

5-6회기는 진로목표를 설계하고 진로목표 달성을 위한 정보들을 탐색하여 자신의 꿈을 구체적으로 그려볼 수 있도록 하는 것이 목적이다. 이러한 목적을 이루기 위해 학생들은 10년 단위로 자신의 모습과 주변의 변화를 상상하면서 자신만의 꿈을 표현하는 문장을 완성하게 된다. 같은 모둠 친구들은 서로서로 꿈을 이루기 위해 필요한 것과 도움이 될 수 있는 다양하고 구체적인 정보들을 탐색하여 제공해 준다.

5-6회기 또 하나의 목적은 진로목표를 달성하기 위한 활동을 실행할 수 있도록 자신의 성격 강점을 활용하여 진로준비행동 환경을 조성히는 것이다. 학생들은 실제적으로 1주일, 1개월, 6

개월 단위로 실행할 수 있는 구체적인 전략들을 세우고, 각 단계의 목표를 이루기 위해 해야 할 일 혹은 늘려야 할 행동, 하지 말아야 할 일 혹은 줄여야 하는 행동의 목록을 생각하게 된다. 그리고 행동수정일지를 작성하여 실행하면서 결과들을 기록한다. 지도자는 5-6회기에서 늘려야 할 행동, 줄여야 할 행동들이 실천 가능한 범위 내에서 할 수 있도록 예를 들어 3개를 넘지 않도록 한다든지 하는 등의 적정수준 안내를 해야 할 것이다. 실천 강화와 더불어 약간의 융통성을 발휘할 수 있도록 유혹의 순간이나 위기의 순간에는 '동전을 던져라'도 활용할 수 있음을 안내한다.

7-8회기는 실행결과를 바탕으로 실패의 원인을 분석하고 성공을 높이기 위한 방법을 구상하여 다시 적용할 수 있도록 하는 것이 목적이다. 행동수정일지를 점검하고, 자신의 꿈을 실현하기 위한 최종지도를 작성하도록 한다. 이에 더하여 자신이 원하는 진로 혹은 직업과 관련하여 30년이 지났음에도 불구하고 여전히 아무런 변화 없이 진로 고민을 하고 있는 가상의 시나리오를 제시하여 노력하지 못한 이유 혹은 변화하지 못하게 한 요인은 무엇인지를 생각하게 한다. 30년 지난 상황에서 다시 30년 전으로 돌아간다면 무엇을 할 수 있는지, 무엇을 하고 싶은지를 생각하면서 학생들은 노력하고 변화하는 주체는 자신임을 깨닫고 선택과 책임의 중요성을 느끼면서 변화의지를 갖고 실천하게 될 것이다. 또한, 지난 회기의 활동과 결과들을 돌아보면서 자신의 진로목표가 얼마나 구체적이고 실제적으로 바뀌어가고 있는지, 자신은 이를 위해서 어떠한 노력들을 실행하고 있는지를 생각하면서 자신에게 지속적인 동기부여가 될 수 있도록 한다.

9-10회기는 자신의 목표를 이루기 위해 행동과 생각을 변화시키면서 자신을 올바른 방향으로 이끌어 가도록 내면화·습관화 시키는 것이 목적이다. 7-8회기에서의 실패 가상시나리오를 본 회기에서는 성공 가상시나리오로 제시하여 후배들에게 성공담을 들려주는 상황을 상상하면서 시연해 보는 장면을 연출하도록 하였다. 이는 꿈을 실현하기 위한 셀프리더가 될 수 있도록 변화의지를 심어줄 것이다.

03

프로그램 실제

1-2회기   나의 나침반과 지도

활동주제	나의 나침반과 지도		
활동목표	■ 프로그램의 목적을 이해하고 적극적으로 참여할 수 있다. ■ 자신의 성격특성 파악 및 셀프리더십의 필요성을 인식할 수 있다.		
활동대상	청소년	소요시간	90분
준 비 물	프로그램 소개 ppt 자료, 활동지, 나침반, 큐티자석 10개(두 가지 색), 필기도구, 지문적성검사 결과지, 명찰, 동영상 자료 '기적을 만드는 한 글자 꿈'		
활동과정	활동내용		유의사항

분위기조성
(도입)
20′
	■ 프로그램의 목적 및 셀프리더십의 필요성 인식하기
	  • 프로그램의 목적 및 전반적인 내용 안내하기
	  • 셀프리더십과 진로준비행동 소개하기
	  • 프로그램 '5D' 모형 소개하기
	■ '기적을 만드는 한 글자 꿈' 동영상 시청하기
	  • '꿈' 에 대해 생각해 보도록 한다.
			프로그램
			소개 ppt
			'기적을
			만드는
			한 글자 꿈'

	■[활동 1] 나침반 규칙 만들기(10′) • 프로그램 회기 동안 지켜야 할 규칙을 만들게 한다. • 5개의 규칙은 진행자가 미리 제시해 준다. • 모둠별로 나머지 규칙 1개씩 만들어 발표하게 한다. ■[활동 2] 별칭짓기(15′) • 자신의 꿈, 직업, 하고 싶은 일과 관련하여 별칭을 짓도록 한다. • 모둠별로 별칭에 대해서 이야기 나누도록 한다.	규칙 안내 ppt 필기도구 명찰
중심활동 (전개) 65′	■[활동 3] 나침반 지도 그리기(30′) • 나침반과 자석의 의미를 설명해 준다(나침반 : 자신, 자석 : 인물, 환경, 경험 등을 의미하는 말). • 나의 성격과 진로에 영향을 준 주요 경험들을 떠올려 보도록 한다. • 나의 성격과 진로에 영향을 준 중요한 사람들은 누구인지 생각해 보도록 한다. • 현재 내 삶의 주변에 있는 중요한 일들, 주요 관심사들을 떠올려 보도록 한다. • 내 성격형성과 진로에 영향을 미치는 정도(중요한 정도)를 생각해서 나침반을 중심으로 말을 놓도록 한다. 이때, 나침반의 위치는 활동지를 기준으로 스스로 정하도록 하고, 말은 나침반을 중심으로 가깝거나 멀거나 느껴지는 대로 위치를 정해서 놓아보도록 한다. • 말 바로 아래쪽(혹은 옆쪽)에 어떤 의미인지 메모하도록 한다. • 다양한 말들로 인해 내 성격과 진로가 현재 어떻게 나타나는지 혹은 나의 위치는 어디인지 생각해 보도록 한다. • 모둠별로 내가 만든 나침반 지도를 보면서 이야기 나누도록 한다.	나침반 말 활동지 필기도구 나침반 바늘의 움직임을 유의하여 보도록 안내 ※ 진로, 성격 다른 색 말 이용

	■ [활동 4] 성격검사 결과 이해하기(10′) • 성격유형의 다양함을 안내하고, 성격의 차이는 '틀림' 이 아니라 '다름' 이라는 것을 인식시킨다. • 10가지 유형을 설명해 주고, 성격유형은 자신의 잠재능력을 개발하기 위한 참고자료라는 것에 초점을 맞추도록 한다. • 지문적성검사 결과지를 배부하여 학생 자신의 주성향과 보조성향, 성격의 장·단점, 대인관계, 진로관련 사항 등을 살펴보도록 한다. • 성격의 강점을 활용하여 자신을 성장시킬 수 있는 방안에 대해 생각하도록 유도한다. • 강의식 진행으로 지루해지지 않도록 유의한다.	지문적성 검사 결과지 배부
느낌나누기 (정리) 5′	■ 진행자가 본 회기의 목표와 내용을 간략히 요약해서 정리해 주기 ■ 활동을 통해서 느낀 점 혹은 새롭게 알게 된 점에 대해서 이야기 나누기 ■ 다음 회기 안내하기	

1 도입

① 진행방법

✎ 진행자는 전체 프로그램의 목적 및 전반적인 내용 등을 안내한다.

• 프로그램과 셀프리더십에 대해서 간략히 설명한다.

• '5D' 모형을 소개한다.

✎ '기적을 만드는 한 글자 꿈' 동영상을 보여준 후 '꿈' 에 대해서 생각해 보도록 한다.

② **활동내용(20′)**

✎ 진행자는 전체 프로그램의 목적 및 전반적인 내용 등을 안내한다.

- 프로그램과 셀프리더십에 대해서 간략히 설명한다.

  → "안녕하세요? 여러분, 만나서 반갑습니다. 오늘부터 10회기 동안 여러분과 같이 할 프로그램은 진로준비행동 향상을 위한 셀프리더십 프로그램입니다. 진로준비행동이라는 것은 진로에 대한 결정 사항을 실행하기 위한 구체적인 노력을 말하는 것이고, 셀프리더십이라는 것은 여러분 자신이 자신의 삶의 주인으로서 자신의 삶을 설계하고 그 삶을 이루기 위해 자신을 올바른 방향으로 이끌어 가는 것을 말합니다. 간단히 말씀드리면, 자신의 목표를 이루기 위해 행동과 생각을 변화시키는 것이지요."

  → "셀프리더십이나 진로준비행동 모두 행동으로 실천하는 것이 무엇보다 중요합니다. 따라서 매일 습관화시키려는 자신의 노력이 필요한데, 이를 도와주는 '5D' 모형이 있습니다. ppt 화면을 보실까요?"

- '5D' 모형을 소개한다.

  → "이 프로그램은 '행복으로 가는 나침반 시리즈 1'이고, '지금 어디? 5D!'라는 부제를 갖고 있습니다. 나의 목표를 향하여 찾아갈 수 있는 나침반이지요. 첫 번째 D는 Dream 꿈, 두 번째 D는 꿈과 이를 실현할 수 있는 방법들을 탐색하고 발견하는 Discovery, 세 번째 D는 꿈을 실현하기 위해 자신을 개발하는 Development, 네 번째 D는 꿈을 실현하기 위해 실천을 다지는 각오와 결심 · 결정 Decision, 마지막 D는 행동으로 실천하라는 의미의 Do입니다. 여러분은 지금 어디? 5D(오디)!"

✎ '기적을 만드는 한 글자 꿈' 동영상을 보여준 후 '꿈'에 대해서 생각해 보도록 한다.

  → "이제, 동영상 하나를 보시게 될 텐데 내용을 잘 보고, 꿈의 의미가 무엇인지, 나의 꿈은 어떤 지에 대해서 한 번 생각해 보세요."

③ **준비물**

✎ 프로그램 소개 및 셀프리더십 ppt 자료, '기적을 만드는 한 글자 꿈' 동영상

④ **활동 보조자료 및 참고자료**

✎ 셀프리더십 혹은 꿈 관련 동영상 자료

① 진행방법

✎ 전개에서는 1–2회기가 통합되어 있고, 4개의 활동주제가 있다. 전체 진행은 진행자가 하지만 각 활동주제 내에서는 모둠별로 활동이 이루어지도록 한다.

- 5인 1모둠으로 미리 좌석 배정을 해둔다.
- 활동목표 도달여부 및 시간적 여유 등을 고려하여 Block Time으로 운영하거나 각 회기를 따로 운영하거나 진행자가 융통성 있게 활용한다.

② 활동내용

✎ [활동 1] 나침반 규칙 만들기(10′)

- 프로그램 회기 동안 지켜야 할 규칙을 만들게 한다.
  - → "첫째 활동으로 프로그램 종결 시까지 우리가 지켜야 할 규칙을 만들어 보겠습니다. 5개의 규칙은 제가 제시하겠지만 나머지 규칙은 모둠별로 하나씩 만들어서 발표해 주세요."
- 5개의 규칙은 진행자가 제시해 준다(ppt 자료로 제시한다).
- 모둠별로 나머지 규칙 1개씩 만들어 발표하게 한 후, 적절한 피드백을 한다.
  - → "제가 만든 규칙은 ① 시간 잘 지키기, ② 이 시간에 나눈 이야기들은 비밀 이야기로서 비밀 유지하기, ③ 친구들의 이야기를 정성껏 듣기, ④ 피드백은 진지하고 건강하게 하기, ⑤ 별칭 사용하기입니다. 지금부터 모둠별로 꼭 지켜야 할 규칙 하나씩을 정해주시기 바랍니다. 약 2분 후에 발표하도록 하겠습니다."
- 완성된 규칙을 확인하고, 프로그램 마칠 때까지 지킬 수 있도록 약속한다.

✎ [활동 2] 별칭짓기(15′)

- 자신의 꿈, 직업, 하고 싶은 일과 관련하여 별칭을 짓도록 한다.
- 목걸이 명찰에 별칭을 쓰고 착용하도록 한다.
- 모둠별로 별칭에 대해서 이야기 나누도록 한다.
  - → "프로그램이 진행되는 동안 사용할 별칭을 짓도록 하겠습니다. 별칭은 자신의 꿈, 직업, 하고 싶은 일 등 자신의 진로와 관련하여 짓되, 부르기 쉽고 기억하기 좋게 만들면

되겠습니다. 별칭을 지은 후에 모둠별로 그 의미에 대해서 이야기를 주고받으시기 바랍니다. 각자 3분정도 생각의 시간을 갖고 5분정도 모둠별로 별칭을 소개하는 시간을 갖도록 하겠습니다. 그리고 잠시 후 몇 명 친구들의 별칭을 들어보겠습니다."

✎ [활동 3] 나침반 지도 그리기(30′)

- 나침반과 자석(말)의 의미를 설명해 준다.

  ➡ "프로그램 활동을 하면서 사용하게 될 나침반과 자석의 의미를 설명해 드리겠습니다. 여기서 나침반은 '자신'을 나타내고, 자석은 '말'을 의미하는데 이 말은 '사람', '환경', '경험' 등을 나타내는 것으로 사용하겠습니다."

- 현재 나의 성격과 진로에 영향을 준 주요 경험들을 떠올려 보도록 한다.

- 나의 성격과 진로에 영향을 준 중요한 사람들은 누구인지 생각해 보도록 한다.

- 현재 내 삶의 주변에 있는 중요한 일들, 주요 관심사들을 떠올려 보도록 한다.

- 내 성격형성에 영향을 미치는 정도(중요한 정도 : 영향력 거리)를 생각해서 나침반을 중심으로 말을 놓도록 한다. 이때, 나침반의 위치는 활동지(B4)를 기준으로 스스로 정하도록 하고, 말은 나침반을 중심으로 가깝거나 멀거나 느껴지는 대로 위치를 정해서 놓아보도록 한다.

- 말 바로 아래쪽(혹은 옆쪽)에 어떤 의미인지 메모하도록 한다.

- 다양한 말들로 인해 내 성격과 진로가 현재 어떻게 나타나는지 혹은 나의 위치는 어디인지 생각해 보도록 한다.

- 모둠별로 내가 만든 나침반 지도를 보면서 이야기 나누도록 한다.

  ➡ "누구를 제일 먼저 놓았나요?", "성격과 진로에 가장 많은 영향을 준 사람은 누구인가요?", "어떤 것이 가장 큰 영향력을 미쳤나요?", "내 진로선택에 영향을 미친 경험은 어떤 것이 있었나요?", "현재 나는 어떤 위치에 있다고 생각하나요?"

✎ [활동 4] 성격검사 결과 이해하기(10′)

- 지문캐릭터를 활용한 성격유형 ppt 자료를 이용하여 간단히 설명한다.
- 성격유형의 다양함을 안내하고, 성격의 차이는 '틀림'이 아니라 '다름'이라는 것을 인식시킨다.
- 10가지 성격유형을 설명해 주고, 성격유형은 자신의 잠재능력을 개발하기 위한 참고자료라는 것에 초점을 맞추도록 한다.
  → "지난주에 검사한 여러분의 지문적성검사 결과가 나왔습니다. 이 결과지를 보시기 전에 여러분이 주의해야 할 사항을 먼저 말씀드리겠습니다. 먼저, 성격유형이 제시가 될 텐데 여기서는 대표적인 유형 10가지만 간단히 안내해 드리겠습니다. 개인마다 성격은 차이가 있고, 이러한 차이는 누가 옳고 그르거나 좋고 나쁘거나 하는 것이 아니라, 다만 서로 다를 뿐이라는 사실입니다. 또한 같은 성격도 환경에 따라 건강하게 나타나기도 하고 그렇지 않은 경우도 있습니다. 여기서 더 중요한 것은 여러분이 가지고 있거나 혹은 내부에 잠재해 있는 '나의 강점이 무엇인가?'를 아는 것이 중요합니다."
- 지문적성검사 결과지를 배부하여 학생 자신의 주성향과 보조성향, 성격의 장·단점, 대인관계, 진로관련 사항 등을 살펴보도록 한다.
- 성격의 강점을 활용하여 자신을 성장시킬 수 있는 방안에 대해 생각하도록 유도한다.
  → "모든 검사결과는 여러분의 성장을 위한 참고자료입니다. 이 참고자료를 활용하여 자신을 성장시킬 수 있는 방법이 무엇인지 생각해 보시기 바랍니다. 그리고 자신의 진로와 관련하여 나의 강점을 활용할 방법은 무엇인지 생각해 보십시오. 나의 꿈을 실현시키기 위해 나의 강점을 어떻게 활용할 수 있을까요?"
- 잠시 자신의 강점 활용 방안에 대해 생각해 보도록 한다.

③ 준비물

✎ 규칙 안내 및 성격유형 ppt, 활동지(B4용지가 좋으나 없을 경우, A4용지도 무방함), 필기도구, 목걸이 명찰, 지문적성검사 결과지, 나침반, 큐티자석 10개(두 가지 색)

④ 활동 보조자료 및 참고자료

✎ 성격유형 자료[첨부 1]

✎ 지문유형 자료[첨부 2]

🔳 정리

① 진행방법

- ✎ 진행자가 본 회기의 목표와 내용을 간략히 요약해서 정리해 준다.
- ✎ 활동을 통해서 느낀 점 혹은 새롭게 알게 된 점에 대해서 이야기 나누도록 한다.
- ✎ 다음 회기 안내한다.

② 활동내용(5′)

- ✎ 진행자가 본 회기의 목표와 내용을 간략히 요약해서 정리해 준다.
- ✎ 활동을 통해서 느낀 점 혹은 새롭게 알게 된 점에 대해서 이야기 나누도록 한다.
  - → "진로준비행동 향상을 위한 셀프리더십 프로그램 1–2회기를 마쳤습니다. 이번 회기에서는 프로그램의 전반적인 내용과 성격유형 및 자신의 성격과 진로에 대해서 생각해 보는 시간을 가졌습니다. 오늘 활동을 통해서 느낀 점 혹은 새롭게 알게 된 점 등에 대해서 모둠별로 이야기를 나누어 보세요. 잠시 후 몇 명 친구들의 소감을 들어보도록 하겠습니다."
- ✎ 다음 회기 안내한다.
  - → "다음 회기에서는 '나의 N극과 S극'에 대해서 생각해 보는 시간을 갖도록 하겠습니다. 다 같이 마무리 인사 할까요?"

③ 활동 보조자료 및 참고자료

- ✎ 정리단계에서는 마무리 동영상 자료를 활용하면 좋은데, 셀프리더십 혹은 꿈과 관련한 자료이면 활동목표에 효과적으로 도달할 것이다.

성격유형	장점	단점	대인관계
안정형	• 꼼꼼하고 예의바르며 부지런함 • 비밀을 중요하게 생각하고 다른 사람을 잘 배려함	• 감정표현이 서툴고 자신의 기준에 고집을 부림	• 새로운 친구를 만나거나 사람이 많은 장소를 좋아하지 않으며 진지하지 못한 사람은 믿지 않음
연구형 (창의형)	• 창의력이 뛰어나고 상상력이 풍부함 • 호기심이 많으며 새로운 것에 관심이 많음	• 마무리를 잘 맺지 못할 수 있으며 평범하고 흥미 없는 일을 하지 않으려는 경향이 있음	• 표현력이 뛰어나며 활동적 성격으로 새로운 친구들과 잘 어울리고, 간접적 친구관계에도 능함
감성형	• 감성이 풍부하고 분위기와 환경에 민감함 • 비밀이 적고 표현이 풍부함	• 거절을 두려워하며 환경의 영향을 많이 받음 • 감정의 기복이 심하며 쉽게 포기함	• 새로운 사람을 만나 교제하는 것을 좋아하고 협력적이기 때문에 단체 생활을 좋아하고 적응을 잘함
관찰형 (직관형)	• 관찰하는 것을 좋아하며 독특한 생각과 아이디어로 새로운 대안을 제시함 • 사물을 보는 눈이 날카로워 자신의 주장이 강한 듯 보임	• 다소 자기중심적이며 감정의 좋고 나쁨이 심함 • 자신을 이해해주지 못하거나 자신이 이해할 수 없는 친구에 대해서는 비판적이며 도전적인 태도를 보임	• 독립적인 면이 있지만 자신만의 방식과 매력으로 관계를 잘 이끌어 감 • 가끔씩 친구관계에서 외로움이나 열등감을 경험하곤 함
관계형	• 다른 사람에 대한 관심과 이해력이 좋고 다양한 각도에서 생각하여 해결책을 활용함	• 다른 친구와의 충돌을 싫어하기 때문에 충돌자체를 피하고자 하는 경향이 있음	• 다른 친구에 관심이 많고 다툼과 분쟁을 싫어하며 단체의 분위기를 중요시 함

사고형	• 다른 사람에 대한 배려가 강하고 생각이 많음 • 친구관계가 원만하며 묵묵히 최선을 다함	• 다른 사람의 감정과 요구에 자신의 주장을 죽이고 새로운 환경에 적응하지 못하면 남에게 의지하려는 경향이 있음	• 다른 친구의 생각이나 주장에 동의하지 않더라도 겉으로 잘 표현하지 못하며 남 앞에 서는 것을 다소 쑥스러워함
리더형 (주도형)	• 문제에 부딪쳤을 때 해결하려는 욕구가 강함 • 결과를 잘 만들어 내고 통솔력이 뛰어남	• 권위적이거나 인정할 수 없는 사람에 대해서는 강하게 싫어하며 반대하려는 경향이 있음	• 독립심이 강하고 다른 사람에게 인정받는 것을 중요하게 생각하므로 자신의 감정을 절제하려 함
현실형	• 환경에 적응력이 강하고 목표 지향적으로 어려움을 잘 극복해 냄 • 긍정적인 사고를 가지고 있음	• 여러 가지 욕심으로 하나의 결과를 만들기 쉽지 않으며 자신의 감정에 따라 쉽게 포기하는 경향이 있음	• 자신의 감정을 표현할 정도로 친구들과 사이가 좋으나 자신에게 필요한 친구와 그렇지 못한 친구를 구분하는 경향이 있음
열정형	• 자신감이 많고 목표를 달성하려는 노력형임 • 어려움에 빠져도 감정적이지 않게 대처하려는 능력이 있음	• 자신의 능력이 다른 사람에 비해 부족하다고 생각하면 자신감이 떨어짐 • 목표가 달성되지 않으면 집중력이 현격히 떨어짐	• 상황에 대한 대처 방법이 뛰어나고 칭찬으로 남을 설득하는 능력이 있음 • 다소 경쟁적이면서 협력을 잘함
완벽형 (전략형)	• 미래 지향적이고 진보적인 사고를 가지며 일의 중요성을 잘 파악하고 자기관리 능력이 탁월함	• 강한 자기주장과 의욕으로 인해 다른 사람을 힘들게 하며 실수를 쉽게 인정하려 하지 않음	• 노력을 많이 하고 책임감이 강하며 상냥한 사람에게는 다정다감하나 권위적인 사람에게는 강하게 반발함

안정형(Simple Arch 형)	**연구형(Tented Arch 형)**
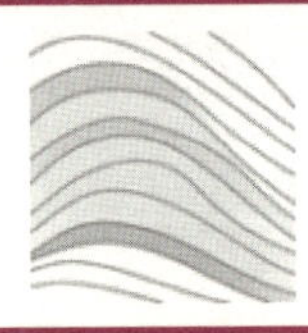 • 물결과 같이 흐르는 모양이며 삼각점이 없음	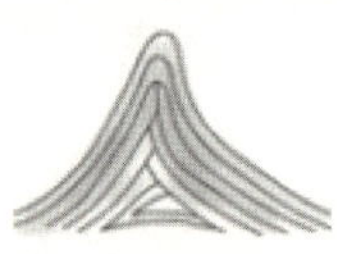 • 안정형과 같은 물결모양이며 가운데가 올라가 있음 • 특정 각도를 가지며 중심이 마치 텐트의 모양을 하고 있음
감성형(Ulnar Loop 형)	**관찰형(Radial Loop 형)**
 • 삼각점이 한 개 있고 융선 나가는 꼬리 모양이 엄지에서 약지 손가락 쪽으로 흐름	 • 삼각점이 한 개 있고 융선 나가는 꼬리 모양이 약지에서 엄지 손가락 쪽으로 흐름
관계형(Composite Whorl 형)	**사고형(Imploding Whorl 형)**
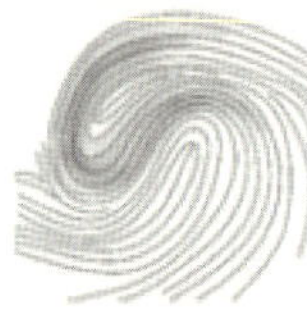 • 좌·우 각각 삼각점이 한 개씩 있고 감성형 두 개의 모양이 얽혀있는 형태를 갖추고 있음	 • 좌·우 각각 삼각점이 한 개씩 있고 감성형 두 개의 모양이 얽혀있는 모양을 갖추고 있음 • 관계형과 비슷한 형이나 외곽이 원형을 이루고 있음
현실형(Double Whorl 형)	**리더형(Spiral Whorl 형)**
 • 좌·우 각각 삼각점이 한 개씩 있고 중심점에 달팽이 모양 두 개가 어우러져 있는 모양으로 이루어져 있음	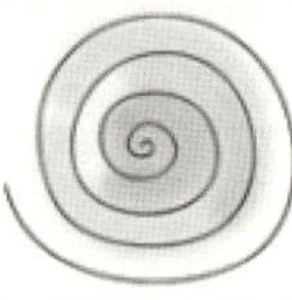 • 좌·우 각각 삼각점이 한 개씩 있고 중심이 달팽이 모양으로 되어 있음
완벽형(Concentric Whorl 형)	**열정형(Peacock's Eye 형)**
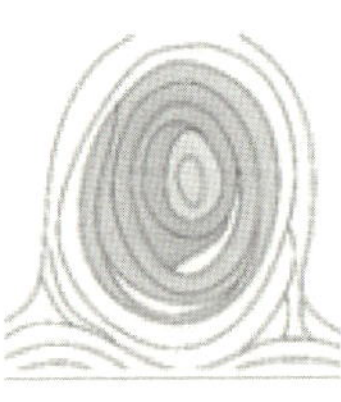 • 좌·우 각각 삼각점이 한 개씩 있고 융선 모양이 원형을 이루고 있음	 • 좌·우 각각 삼각점이 한 개씩 있으나 한쪽은 중심점에서 가깝고 한쪽은 멀리 구성되어 있음 • 모양이 공작새 부리나 눈의 모양을 하고 있으며 중심은 완벽형이나 리더형으로 되어 있음
특수문형(Accidental 형)	**형태없는 문형(No Pattern 형)**
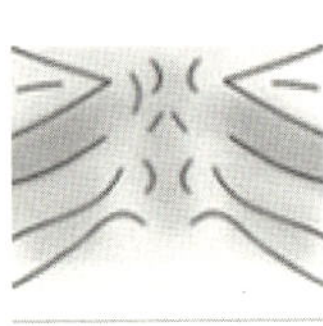 • 좌·우 각각 삼각점이 한 개씩 있고 가운데 삼각점이 한 개 더 있음 • Arch형, Whorl형, Loop형 등 세 개의 형이 어우러져 있는 모양을 가지고 있음	 • 삼각점이나 융선이 명확하지 못하고 일정한 형의 패턴이 없는 모양임

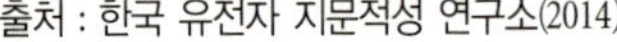

출처 : 한국 유전자 지문적성 연구소(2014)

활동주제	나의 N극과 S극		
활동목표	■목표에 대한 갈등상황을 분석할 수 있다. ■바람직한 삶의 설계 필요성을 인식할 수 있다.		
활동대상	청소년	소요시간	90분
준 비 물	프로그램 진행 ppt 자료, 활동지, 나침반, 큐티자석 10개(두 가지 색), 필기도구, 빈 의자 2개, 의자 1개를 높일 수 있는 탁자 혹은 매트, 동영상 자료 '어떤 19살'		
활동과정	활동내용		유의사항
분위기조성 (도입) 10′	■'접어' 활동 • 집단원 모두 열 손가락을 펴도록 한다. • 처음 시작하는 사람은 자신을 제외한 나머지 사람에게 최대한 많이 해당되는 조건을 말하도록 한다. • 조건에 해당되는 사람은 그때마다 손가락을 하나씩 접도록 한다. • 오른쪽 방향으로 돌아가며 열 손가락을 모두 접은 사람이 나올 때까지 반복하도록 한다. • 모두 접힌 사람은 긍정적인 벌칙을 받는다.		
중심활동 (전개) 70′	■[활동 1] 행복감과 불편감의 두 상황 탐색하기(20′) • 무엇을 할 때 행복감을 느끼고, 어떤 일을 할 때 몰입을 하는지 떠올려 보도록 한다. • 그 순간 자신의 어떤 성격의 강점들이 나타나는지 떠올려 보도록 한다. • 활동지 위에 나침반을 자유롭게 올려놓도록 한다. • 나침반을 기준으로 어떤 활동을 할 때 더 행복하고 몰입을 하는지 생각해서 말을 올려놓도록 한다. 이때, 말은 나침반을 중심으로 가깝거나 멀거나 느껴지는 대로 위치를 정해서 올려놓도록 한다.		활동안내 ppt 나침반 말 활동지 필기도구

중심활동 (전개) 70′	• 말 바로 아래쪽에 어떤 의미인지 메모하도록 한다. • 모둠별로 서로 다르게 놓여진 활동지를 보면서 모둠원들과 자신의 긍정적인 감정 및 상황에 대해 자연스럽게 이야기 나누도록 한다. • 같은 활동지 위에 무엇을 할 때 불편을 느끼고, 어떤 활동을 할 때 스트레스를 받는지, 그 순간 자신의 어떤 성격의 약점들이 드러나는지 떠올려 보도록 한 후 같은 방법으로 체험하고 이야기를 나누도록 한다. ■ [활동 2] 높은 의자 & 쓰러진 의자(15′) • 이 활동은 자신의 성격적인 측면에서 본인이 생각하는 긍정적인 측면과 부정적인 측면을 동시에 조명하고 그 속에서 자신의 강점 활용 방안을 찾는 활동이다. • 자신의 성격에서 자신이 생각하는 긍정적인 측면과 부정적인 측면 혹은 현재 갈등을 겪는 문제를 생각해 보도록 한다. • 자신의 긍정적인 측면과 부정적인 측면을 표현할 때 말과 함께 신체를 통해서 같이 표현하도록 한다. • 모둠원 중 한 사람이 높은 의자에 앉아서 자신의 긍정적인 측면을 표현하고 이에 대한 피드백이나 느낌을 나누도록 한다. • 자리를 바꾸어 쓰러져 있는 의자에 가서 자신의 부정적인 측면 혹은 현재 갈등을 겪는 문제를 표현하고 모둠원들의 피드백이나 느낌을 나누도록 한다.	빈 의자 2개, 의자 1개를 높일 수 있는 매트 혹은 탁자
	■ [활동 3] 목표를 향해 나아가는 청소년들(10′) • 영상자료를 활용하여 진로목표를 향해 자신의 삶을 만들어 가는 청소년들의 이야기를 소개한다. • 영상을 보고 모둠별로 느낌을 나누도록 한다.	'어떤 19살' 영상자료

	■[활동 4] 생각과 현실: + / −(25′) • 자신의 꿈과 진로를 위해 필요한 것들을 떠올려 보도록 한다. • 꿈을 실현하기 위한 긍정적인 측면에서 해야 할 일 혹은 필요한 일 다섯 가지를 생각하고 같은 색깔 5개의 말에 의미를 부여한 후 메모하도록 한다. • 활동지 위에 나침반을 자유롭게 올려놓도록 한다. • 5개의 말 중 자신의 진로목표를 위해 실제 활용하거나 하고 있는 것들을 나침반을 중심으로 올려놓고 메모하도록 한다. • 부정적인 측면임에도 불구하고 습관적으로 하고 있는 것들 혹은 진로목표 달성에 방해가 되는 활동들 혹은 버려야 할 행동 등 다섯 가지를 생각해서 다른 색깔 5개의 말에 의미를 부여한 후, 위의 활동과 같은 방법으로 그 중 실제 하고 있는 것들을 나침반을 중심으로 활동지 위에 올려놓고 메모하도록 한다. • 생각과 현실의 지도가 왜 다른지 이유를 분석해 본다. 또한 그럴 수밖에 없는 요인이나 영향을 주는 사람들을 분석해 보도록 한다. • 긍정적인 측면에서 올려놓지 못한 것들과 부정적인 측면에서 내려놓지 못한 것들의 이유를 생각해 본 후 모둠원들과 자신의 생각과 현실 지도에 대해 이야기 나누도록 한다.	활동안내 ppt 나침반 말 활동지 필기도구
느낌나누기 (정리) 10′	■ 진행자가 본 회기의 목표와 내용을 간략히 요약해서 정리해 주기 ■ 소감문 작성하기 ■ 활동을 통해서 느낀 점 혹은 새롭게 알게 된 점에 대해서 이야기 나누기 ■ 다음 회기 안내하기	소감문

1 도입

① 진행방법

✎ 진행자는 활동을 안내한다.

② 활동내용(10′)

✎ '접어' 활동 규칙을 안내한다.

- 진행자는 '접어' 활동 및 규칙에 대해서 간략히 설명한다.
  - → "안녕하세요? 여러분! 이번 회기를 시작하기 전에 Warming up으로 '접어' 활동을 해 보겠습니다. 전체 동그랗게 원을 만들어 앉아주십시오. 그리고 모두 열 손가락을 폅니다. 처음 시작하는 사람은 자신을 제외한 나머지 사람에게 최대한 많이 해당되는 조건을 말하면서 "접어"라고 합니다(예 안경 쓴 사람 접어). 이때 조건에 해당되는 사람은 열 손가락 중 하나를 접어야 합니다. 이러한 식으로 열 손가락을 모두 접은 사람은 벌칙을 받습니다(예 앞에 나와 자신의 별칭을 말하면 남은 모둠원들이 함성과 함께 크게 박수 쳐주기). 진행자를 기준으로 오른쪽 방향으로 돌아가면서 말하도록 하겠습니다. 그럼 시작해 볼까요?"
- 활동 후 모둠으로 돌아가 본 활동을 할 준비를 하도록 한다.

2 전개

① 진행방법

✎ 전개에서는 3-4회기가 통합되어 있고, 4개의 활동주제가 있다. 전체 진행은 진행자가 하지만 각 활동주제 내에서는 모둠별로 활동이 이루어지도록 한다.
- 5인 1모둠으로 미리 좌석 배정을 해둔다.
- 활동목표 도달여부 및 시간적 여유 등을 고려하여 Block Time으로 운영하거나 각 회기를 따로 운영하거나 진행자가 융통성 있게 활용한다.

② 활동내용

✐ [활동 1] 행복감과 불편감의 두 상황 탐색하기(20′)

- 무엇을 할 때 행복감을 느끼고, 어떤 일을 할 때 몰입을 하는지 떠올려 보도록 한다.
- 그 순간 자신의 어떤 성격의 강점들이 나타나는지 떠올려 보도록 한다.
  - → "최근에 여러분들이 무엇을 할 때 진정으로 행복감을 느끼고, 어떤 일들을 할 때 몰입을 하게 되는지 생각해 보도록 합니다. 그러한 순간에 자신의 어떤 성격의 강점들이 드러나는지 자연스럽게 떠올려 봅니다."
- 활동지 위에 나침반을 자유롭게 올려놓도록 한다.
- 나침반을 기준으로 어떤 활동을 할 때 더 행복하고 몰입을 하는지 생각해서 말을 올려놓도록 한다. 이때, 말은 나침반을 중심으로 가깝거나 멀거나 느껴지는 대로 위치를 정해서 올려놓도록 한다.
- 말 바로 아래쪽에 어떤 의미인지 메모하도록 한다.
  - → "활동지 위에 나침반의 위치는 여러분이 놓아두고 싶은 곳에 자유롭게 올려놓도록 합니다. 나침반을 중심으로 행복감을 느끼게 한 활동들이나 몰입을 하게 되는 상황들을 떠올리면서 말을 놓아둡니다. 이때, 더 행복하고 몰입의 정도가 높을수록 나침반 가까이에 말을 놓아두고, 그 정도가 낮을수록 나침반에서 멀게 놓아둡니다. 각각의 말이 놓인 아래쪽에 어떤 의미를 담고 있는지 메모합니다."

  ※ 나침반 바늘의 움직임에 유의하여 보도록 안내한다.

- 모둠별로 서로 다르게 놓여진 활동지를 보면서 모둠원들과 자신의 긍정적인 감정 및 그 의미에 대해 자연스럽게 이야기 나누도록 한다.
  - → "이제 모둠원들과 여러분 각자가 만든 활동지를 보면서 이야기를 나누도록 하겠습니다. 개개인이 느끼는 행복감과 몰입의 내용 및 정도는 다를 것입니다. 여러분의 다양한 행복감과 몰입 경험들에 대해 또한 본인 성격의 강점들에 대해 모둠원들과 자유롭게 이야기 나눠보도록 하겠습니다. 친구들의 경험을 들을 때는 적극적으로 듣고 피드백을 해 주시기 바랍니다."
- 진행자는 모둠원들이 적극적으로 참여하여 이야기를 주고받을 수 있도록 격려한다.

- 같은 활동지 위에 무엇을 할 때 불편감을 느끼고, 어떤 활동을 할 때 스트레스를 받는지, 그 순간 자신의 어떤 성격의 약점들이 드러나는지 떠올려 보도록 한 후 같은 방법으로 체험하고 이야기를 나누도록 안내한다.

✎ [활동 2] 높은 의자 & 쓰러진 의자(15′)

- 이 활동은 집단 전체 활동으로 자신의 성격적인 측면에서 본인이 생각하는 긍정적인 측면과 부정적인 측면을 동시에 조명하고 그 속에서 자신의 강점 활용 방안을 찾는 활동이다.
- 자신의 성격에서 자신이 생각하는 긍정적인 측면과 부정적인 측면 혹은 현재 갈등을 겪는 문제를 생각해 보도록 한다.
- 자신의 긍정적인 측면과 부정적인 측면을 표현할 때 말과 함께 신체를 통해서 같이 표현하도록 한다.
  - → "집단원 중에 한 사람이 높은 의자에 앉아서 자신의 긍정적인 측면을 이야기 합니다. 의자에 있는 사람은 자신의 느낌을 충분히 표현할 수 있도록 신체 언어를 함께 사용합니다. 나머지 집단에 있는 친구들과 느낌이나 피드백을 나누면 되는데, 피드백은 자유롭게 하되, 가능하면 의자에 앉아 있는 친구의 진로와 관련하여 긍정적인 측면을 활용할 수 있는 방법에 대해서 이야기를 해 주면 좋겠습니다."
- 자리를 바꾸어 쓰러져 있는 의자에 가서 자신의 부정적인 측면 혹은 현재 갈등을 겪는 문제를 표현하고 집단원들의 피드백이나 느낌을 나누도록 한다.
  - → "긍정적인 측면에 대한 느낌 나누기가 끝나면 쓰러져 있는 의자에 가서 본인이 생각하는 자신의 부정적인 측면 혹은 현재 갈등을 겪고 있는 문제를 표현하고 집단원들과 함께 느낌과 피드백을 나누도록 합니다. 이때에도 집단에 있는 친구들은 쓰러진 의자에 앉아 있는 친구의 진로와 관련하여 피드백을 해주면 좋겠습니다."

※ 어색하거나 부담스럽지 않도록 진행자는 분위기 조성에 유의해야 한다. 더불어 전체 집단원을 대상으로 피드백 받기를 원하는 학생이 더 있을 경우 수용하고 진행자가 진행하도록 한다(진행자가 판단하기에 처음부터 전체 진행이 가능할 시에는 전체 진행으로 이끌어가도 좋다).

✎ [활동 3] 목표를 향해 나아가는 청소년들(10′)

- 영상자료를 활용하여 진로목표를 향해 자신의 삶을 만들어 가는 청소년들의 이야기를 소개한다.

- '어떤 19살' EBS 지식채널 영상을 보고 모둠별로 느낌을 나누도록 한다.

  → "자신이 원하는 삶을 위하여 스스로 선택하고 노력하면서 자신만의 행복한 삶을 만들어 가는 청소년들이 있습니다. 영상을 보고 우리가 한 번 더 생각해 볼 문제가 무엇인지, 그들에게서 배울만한 점은 무엇인지 생각하고 모둠별로 의견과 느낌을 나누어 보도록 하겠습니다."

✎ [활동 4] 생각과 현실 : + / −(25′)

- 자신의 꿈과 진로를 위해 필요한 것들을 떠올려 보도록 한다.

  → "여러분의 꿈을 실현하기 위해 또는 진로목표를 달성하기 위해 필요한 것들을 떠올려 봅니다. 예를 들면, 활용해야 할 성격의 강점들, 조절하거나 보완해야 할 성격의 약점들, 새롭게 형성해야 하거나 늘려야 하는 습관들, 줄이거나 없애야 할 습관들, 내려놓아야 할 활동들, 꼭 해야만 하는 활동들, 앞으로 해야 할 활동들이 있을 수 있습니다."

  → "먼저, 꿈을 실현하기 위해 긍정적인 측면에서 해야 할 일 혹은 필요한 일 다섯 가지를 생각하고 같은 색깔 다섯 개의 말에 의미를 부여합니다. 활동지 한쪽에 다섯 가지 각각의 의미를 간단히 기록하세요."

- 활동지 위에 나침반을 자유롭게 올려놓도록 한다.

- 5개 말 중에서 자신의 진로목표를 위해 실제 활용하거나 하고 있는 것들을 뽑아 나침반을 중심으로 올려놓고 메모하도록 한다.

- 마찬가지로 부정적인 측면임에도 불구하고 습관적으로 하고 있는 것들 혹은 자신의 진로목표 달성에 방해가 되는 활동들 혹은 버려야 할 행동 등 다섯 가지 생각해서 다른 색깔 다섯 개의 말에 의미를 부여하고 메모하도록 한다.

- 의미가 부여된 5개의 말들 중 실제 하고 있는 것을 나침반 중심으로 활동지 위에 올려놓도록 한다.

- 생각과 현실의 지도가 무엇 때문에 다른지 이유를 분석해 보도록 한다. 또한 그럴 수밖에 없는 요인이나 영향을 주는 사람들에 대해서도 분석해 보도록 한다.

- 긍정적인 측면에서 올려놓지 못한 것들과 부정적인 측면에서 내려놓지 못한 것들의 이유를 생각해 본 후 모둠원들과 자신의 생각과 현실 지도에 대해 이야기 나누도록 한다.
  - → "활동지 위에 나침반을 중심으로 진로목표를 위해 실제 긍정적으로 활용하고 있는 것들을 멀거나 가까이에 올려놓았습니다. 또, 부정적으로 활용하고 있는 것들도 올려놓았습니다. 예를 들면, 본인은 원하지 않지만 주변의 압력으로 인하여 하고 있는 것들, 그만두고 싶은데 중독적으로 하고 있는 것 등이 있겠지요? 자신의 활동지를 보면서 올려놓지 못한 긍정적인 말들과 내려놓지 못한 부정적인 말에 대해 모둠원들과 이야기를 나누어 보도록 하겠습니다. '올려 놓아야하는 말인데 올려놓지 못한 이유는 무엇입니까?', '어떤 말들을 내려놓고 싶습니까?', 진정 원하는 일을 하기 위해 자신이 노력해야 할 것은 무엇인지 모둠별로 이야기 나눠 보십시오."

③ 준비물

- ✎ 활동안내 ppt, 활동지(B4용지가 좋으나 없을 경우, A4용지도 무방함), 필기도구, 나침반, 큐티자석 두 가지 색 각 5개씩, 빈 의자 2개, 의자 1개를 높일 수 있는 탁자 혹은 매트, 동영상 자료('어떤 19살')

④ 활동 보조자료 및 참고자료

- ✎ 게슈탈트 이론 관련 활동

3 정리

① 진행방법

- ✎ 진행자가 본 회기의 목표와 내용을 간략히 요약해서 정리해 준다.
- ✎ 소감문을 작성하도록 하고, 활동을 통해서 느낀 점 혹은 새롭게 알게 된 점에 대해서 이야기 나누도록 한다.
- ✎ 다음 회기 안내한다.

② **활동내용**(10′)

✎ 진행자가 본 회기의 목표와 내용을 간략히 요약해서 정리해 준다.

✎ 활동을 통해서 느낀 점 혹은 새롭게 알게 된 점에 대해서 이야기 나누도록 한다.

➡ "진로준비행동 향상을 위한 셀프리더십 프로그램 3-4회기를 마쳤습니다. 이번 회기에서는 여러분이 느끼는 행복감 및 불편감, 진로나 꿈을 이루기 위해 필요한 것들, 혹은 버려야 할 습관들 등에 대해서 생각해 보고 이야기 나누는 시간을 가졌습니다. 이번 활동을 통해서 느낀 점 혹은 새롭게 알게 된 점 등에 대해서 모둠별로 이야기를 나누어 보세요. 잠시 후 몇 명 친구들의 소감을 들어보도록 하겠습니다."

✎ 다음 회기 안내한다.

➡ "다음 회기에서는 '내 나침반에 맞춰서' 에 대해서 생각해 보는 시간을 갖도록 하겠습니다. 다 같이 마무리 인사 할까요?"

활동주제	내 나침반에 맞춰서		
활동목표	■ 자신의 진로목표를 설계할 수 있다. ■ 자신의 진로와 관련된 정보를 수집할 수 있다. ■ 진로목표를 달성하기 위한 활동을 실행할 수 있다. ■ 자신의 성격 강점을 활용한 진로준비행동 계획을 세울 수 있다		
활동대상	청소년	소요시간	90분
준 비 물	프로그램 진행 ppt 자료, 활동지, 나침반, 큐티자석 10개(두 가지 색), 필기도구, 동영상 자료 'Dream', '결심'		
활동과정	활동내용		유의사항
분위기조성 (도입) 5′	■ '마네킹이 되어요' • 두 모둠으로 나눈다. • 한 모둠은 모두 앞으로 나와 마네킹이 되어 움직이지 않도록 안내한다. • 다른 모둠의 한 학생이 앞으로 나와 마네킹이 된 학생들이 움직이도록 웃긴다. • 끝가지 움직이지 않은 학생만 살아남게 한다. • 팀을 바꾸어 같은 방법으로 진행한다.		
중심활동 (전개) 80′	■ [활동 1] 내 꿈의 지도 만들기(20′) • 자신의 진로목표에 따라 그 꿈을 이루어 가는 모습을 10대, 20대, 30대 등의 단위로 나누어서 떠올려 보도록 한다. • 활동지의 한쪽 끝에 꿈을 상징하는 말을 올려놓도록 한다. • 반대의 위치에 나침반을 올려놓도록 한다. • 나침반에서부터 각 단계를 상징하는 말을 활동지 위에 올려놓도록 한다. • 각 단계의 목표와 희망하는 자신의 모습을 예측하며 말 아래쪽에 메모하도록 한다.		활동안내 ppt 나침반 말 활동지 필기도구

• 각 단계별 목표를 이루었을 때 자신의 주변에 생길 혹은 변화될 것들을 떠올려 보도록 한다.
• 떠올린 것들을 각 단계에 있는 말 주변에 메모하도록 한다.
• 지도를 완성한 후 자신만의 꿈을 표현하는 문장을 만들어 보도록 한다.
• 모둠원들과 자신의 꿈의 지도에 대해 이야기 나누도록 한다.

■ [활동 2] 진로목표 달성 정보 탐색하기(20′)
• 이야기를 나누면서 자신의 꿈을 이루기 위해 필요한 것과 도움이 될 수 있는 다양한 아이디어를 얻을 수 있도록 한다.
• 아이디어를 얻은 모둠원은 자신의 지도 위에 새롭게 얻게 된 아이디어를 메모하도록 한다.
• 자신의 꿈 실현에 도움이 되는 아이디어를 선택하도록 한다.
• 꿈의 문장에 아이디어를 적용시켜 미래 자신의 모습을 모둠원들에게 소개하도록 한다.
• ‘Dream’ 동영상을 시청하면서 정리하도록 한다.

■ [활동 3] 진로목표 실행을 위한 활동 계획하기(20′)
• 완성된 꿈의 지도를 보면서 실현가능한 것들은 어떤 것들이 있는지 구체적으로 떠올려 보도록 한다.
• 1주일, 1개월, 6개월 단위로 실행할 수 있는 전략들은 어떤 것들이 있는지 구상해 보도록 한다.
• 활동지의 한쪽 끝에 1년 후 자신의 모습을 상징하는 말을 올려놓도록 한다.
• 1년 후의 자신을 표현하는 문장을 말 아래쪽에 메모하도록 한다.
• 반대의 위치에 나침반을 올려놓도록 한다.
• 1주일, 1개월, 6개월 단위로 말을 목표를 향해 직선의 형태로 올려놓도록 한다.

활동안내
ppt
활동지
필기도구
‘Dream’
영상자료

활동안내
ppt
나침반
말
활동지
필기도구

	• 각 단계의 목표를 이루기 위해 해야 하는 것들을 떠올려 보도록 한다. • 각 단계별로 새롭게 해야 하는 일이나 늘려야 하는 행동들과 없애거나 줄여야 하는 행동들을 메모하도록 한다. • 이러한 행동들을 유지했을 때 생길 수 있는 변화들을 예측해 본다. • 모둠원들과 자신의 맞춤형 지도에 대해 이야기 나누도록 한다. ■ [활동 4] 행동수정일지 작성하기(20′) • '결심' 영상자료를 보여준다. • 자신의 맞춤형 지도를 실현하기 위한 구체적인 전략들을 생각해 보도록 한다. • 1주일 단위로 실행 가능한 전략들을 구체화하여 행동수정일지에 적고 실천하도록 한다. ※ 동전을 던져라! • 이 활동은 계획한 일을 실행하면서 유혹이나 위기의 순간들이 있을 때 자신의 행동을 결정하는 활동이다. • 유혹과 위기의 순간마다 특별한 의미가 부여된 동전을 꺼내서 위로 던졌다 받은 후 손바닥으로 가린다. • 앞면이 나오면 계획했던 행동을 실행하고, 뒷면이 나오면 그 순간의 욕구대로 행동하도록 한다. • 행동수정일지 활동지에 동전을 던져 자신이 결정한 행동임을 표시하도록 한다.	'결심' 영상자료 행동수정 일지 필기도구
느낌나누기 (정리) 5′	■ 진행자가 본 회기의 목표와 내용을 간략히 요약해서 정리해 주기 ■ 활동을 통해서 느낀 점 혹은 새롭게 알게 된 점에 대해서 이야기 나누기 ■ 다음 회기 안내하기	

1 도입

① 진행방법

✐ 진행자는 활동을 안내한다.

② 활동내용(10′)

✐ 진행자는 '마네킹이 되어요' 활동을 안내한다.

- 진행자는 '마네킹이 되어요' 활동 및 규칙에 대해서 간략히 설명한다.

  → "안녕하세요? 여러분! 이번 회기를 시작하기 전에 Warming up으로 '마네킹이 되어요'
  란 활동을 해 보겠습니다. 두 모둠으로 나누어서 진행하도록 하겠습니다. 한 모둠의 학
  생들이 앞으로 나와 다양한 모습의 마네킹이 되어 움직이지 않고 고정되어 있으면 다
  른 모둠의 한 학생이 2보 정도의 앞에서 마네킹이 된 학생들이 움직이도록 웃깁니다.
  이때, 직접적으로 몸에 손을 대서는 안 됩니다. 눈을 깜박이는 것을 제외하고 움직이는
  마네킹은 탈락합니다. 끝까지 움직이지 않은 학생 한 명만 남을 때까지 계속합니다. 같
  은 방식으로 팀을 바꾸어서 진행합니다. 그럼 두 모둠으로 나누어서 시작해 볼까요?"
- 두 모둠으로 나누어서 활동을 진행한 후 자리를 정돈하고, 모둠으로 돌아가도록 한다.

2 전개

① 진행방법

✐ 전개에서는 5-6회기가 통합되어 있고, 4개의 활동주제가 있다. 전체 진행은 진행자가 하
지만 각 활동주제 내에서는 모둠별로 활동이 이루어지도록 한다.

- 5인 1모둠으로 미리 좌석 배정을 해둔다.
- 활동목표 도달여부 및 시간적 여유 등을 고려하여 Block Time으로 운영하거나 각 회기를
따로 운영하거나 진행자가 융통성 있게 활용한다.

② **활동내용**

✐ [활동 1] 내 꿈의 지도 만들기(20′)

- 자신의 진로목표에 따라 그 꿈을 이루어 가는 모습을 10대, 20대, 30대 등의 단위로 나누어서 떠올려 보도록 한다.

  → "지난 시간에 '생각과 현실의 지도'라는 활동을 통해 진로목표에 따라 자신에게 필요한 말과 필요 없는 말에 대해 이야기를 나누었고, 무엇 때문에 생각과 현실의 지도가 다른지 그렇게 할 수밖에 없었던 원인에 대해 생각해 보는 시간을 가졌습니다. 이제 그러한 것들을 떠올리면서 10대, 20대, 30대 등의 단위로 자신의 꿈을 이루어가는 모습을 상상해 보도록 하겠습니다. 예를 들면, 20대는 내가 원하는 대학에서 열심히 전공수업 듣기, 창업 준비를 하기 위해 관련 프로그램에 참가하고 정보 얻기, 인턴십 프로그램에 참여하기, 해외 봉사활동에 참여하기, 30대는 벤처기업 창업하기 등이 있겠지요?"

- 활동지의 한쪽 끝에 자신의 꿈을 상징하는 말을 올려놓도록 한다.

- 반대의 위치에 나침반을 올려놓도록 한다.

- 나침반에서부터 각 단계를 상징하는 말을 활동지 위에 올려놓도록 한다.

- 각 단계의 말이 어떤 과정인지, 각 단계에서의 목표와 희망하는 자신의 모습을 예측하며 말 아래쪽에 메모하도록 한다.

  → "순차적으로 떠올린 생각을 바탕으로 자신이 이루고자 하는 꿈을 상징하는 말을 활동지의 한쪽 끝에 올려놓도록 합니다. 다음은 반대의 위치에 나침반을 올려놓도록 합니다. 나침반에서부터 각 단계를 상징하는 말을 단계별로 올려놓도록 합니다. 이때, 사선으로 올려놓을 수도 있고, 직선으로 올려놓을 수 있습니다. 또한 지그재그 형식으로 올려놓을 수도 있습니다. 이제 각 단계의 말이 나타내는 것이 무엇인지, 각 단계의 목표와 희망하는 자신의 모습은 어떠한 지 말 아래쪽에 메모하도록 합니다. 예를 들면, 1단계는 ○○대학 ○○전공, ○○회사 입사하기 위해 준비, 2단계는 ○○회사 뉴욕지사 근무, 3단계는 ○○회사의 팀장 등이 있습니다."

- 각 단계별 목표를 이루었을 때 자신의 주변에 생길 혹은 변화될 것들을 떠올려 보도록 한다.

• 떠올린 것들을 각 단계에 있는 말 주변에 메모하도록 한다.

  ➜ "각 단계별 목표를 이루었을 때 자신의 주변에 생길 변화들을 떠올려 보도록 하겠습니다. 예를 들면, 20대의 목표가 IT회사 취업이라면 취업을 했을 때, 팀 내에서 아이디어 프리젠테이션을 하는 모습, 사내 공모전에 입상하여 인센티브로 해외여행을 가는 모습 등을 상상해 볼 수 있습니다. 이렇게 떠올린 것들을 토대로 작은 말을 사용하여 각 단계별 목표 주변에 올려놓도록 합니다."

• 지도를 완성한 후 자신만의 꿈을 표현하는 문장을 만들어 보도록 한다.

• 모둠원들과 자신의 꿈의 지도에 대해 이야기 나누도록 한다.

  ➜ "최종적으로 완성된 꿈의 지도를 가지고 이 꿈의 지도가 상징하는 문장을 만들어 본 후 모둠원들과 이야기를 나누도록 하겠습니다."

  ➜ "자신의 꿈의 문장은 무엇인가요?", "그러한 문장을 만든 이유는 무엇인가요?", "꿈의 문장이 갖는 의미는 무엇인가요?"

✐ [활동 2] 진로 목표달성 정보 탐색하기(20′)

• 모둠원들과 이야기 나누면서 자신의 꿈을 이루기 위해 필요한 것과 도움이 될 수 있는 다양한 아이디어를 모둠원들로부터 얻을 수 있도록 한다.

• 아이디어를 얻은 모둠원은 자신의 지도 위에 새롭게 얻게 된 아이디어를 메모하도록 한다.

  ➜ "[활동 1]에서 작성한 지도에 대하여 모둠원이 이해하기 쉽도록 설명을 합니다. 그리고 그 꿈을 이루기 위해 꼭 필요한 것 또는 도움이 될 수 있는 아이디어를 모둠원들에게 요청합니다. 예를 들면, 해당 목표 달성에 도움이 될 만한 영화, 관련서적, 인물, 전공, 습관, 과목, 사이트 등 다양한 아이디어가 있습니다. 구체적인 아이디어를 얻어서 활동지 한쪽에 메모하도록 하겠습니다."

※ 이 활동에서는 아이디어를 주기 위해 스마트폰 사용도 가능함을 안내한다.

- 자신의 꿈 실현에 도움이 되는 아이디어를 선택하도록 한다.
- 꿈의 문장에 아이디어를 적용시켜 미래 자신의 모습을 모둠원들에게 소개하도록 한다.
  - → "모둠원들에게 얻은 아이디어 중에서 자신의 꿈 실현에 실질적으로 도움이 될 수 있는 아이디어를 선택하세요. 선택한 아이디어를 꿈의 문장에 적용시켜 미래 자신의 모습을 모둠원들에게 소개하는 시간을 갖도록 하겠습니다. '아이디어를 어떻게 적용시켰나요?', '원하는 꿈을 이루었을 때 어떤 느낌일까요?' 등 이에 대해 모둠원들과 이야기를 나누어 보십시오."
- 전체 집단원 앞에서 발표할 친구가 있다면 발표 하도록 하고, 긍정적인 피드백을 하여 실천의지를 심어준다.
- 'Dream' 동영상을 시청하면서 정리하도록 한다.

✎ [활동 3] 진로목표 실행을 위한 활동 계획하기(20′)
- 완성된 꿈의 지도를 보면서 실현가능한 것들은 어떤 것들이 있는지 구체적으로 떠올려 보도록 한다.
- 1주일, 1개월, 6개월 단위로 실행할 수 있는 전략들은 어떤 것들이 있는지 구상해 보도록 한다.
  - → "지난 시간에 미래 자신의 모습을 형상화하는 작업을 하였습니다. 이제 미래에 이루고자 하는 그 목표를 위해 활용할 수 있는 구체적이고 실제적인 전략에 대해서 생각해 보도록 하겠습니다. 지난 회기에 모둠원들로부터 얻은 정보를 활용할 수도 있고, 1-2회기를 통해 확인한 자신의 강점을 활용할 수도 있습니다. 1주일, 1개월, 6개월 단위로 목표달성을 위해 실행할 수 있는 전략들은 어떤 것들이 있는지 생각해 보십시오."
- 활동지의 한쪽 끝에 1년 후 자신의 모습을 상징하는 말을 올려놓도록 한다.
- 자신을 표현하는 문장을 말 아래쪽에 메모하도록 한다.
- 반대의 위치에 나침반을 올려놓도록 한다.
- 1주일, 1개월, 6개월 단위로 말을 1년 후의 목표를 향해 직선의 형태로 올려놓도록 한다.
  - → "활동지의 한쪽 끝에 1년 후 자신의 모습을 나타내는 말을 올려놓은 후 말 아래쪽에 자신을 나타내는 문장을 메모하도록 합니다. 반대의 위치에 나침반을 올려놓도록 합니다. 이제 1주일, 1개월, 6개월 단위로 말을 점차 나아질 것을 염두에 두고 1년 후를 향해 직선의 형태로 올려놓도록 합니다."

- 각 단계의 목표를 이루기 위해 해야 하는 것들을 떠올려 보도록 한다.

- 각 단계별로 새롭게 해야 하는 일이나 늘려야 하는 행동들과 없애거나 줄여야 하는 행동들을 메모하도록 한다.

  → "자신의 일상생활을 기초로 각각의 목표를 이루기 위해서 할 수 있거나 해야 하는 것들을 생각해 봅니다. 각 단계의 목표에 따라 새롭게 해야 하는 일이나 늘려야 하는 행동은 목표를 중심으로 위쪽에 메모합니다. 없애거나 줄여야 하는 행동은 목표를 중심으로 아래쪽에 메모합니다. 단, 목표행동이 지나치게 많을 경우 성공하기가 어렵기 때문에 각각 3개 정도로 제한하겠습니다."

- 이러한 행동들을 유지했을 때 생길 수 있는 변화들을 예측해 보도록 한다.

- 모둠원들과 자신의 맞춤형 지도에 대해 이야기 나누도록 한다.

  → "이제 활동지를 보면서 이러한 행동을 유지했을 때 생길 수 있는 변화들을 예측해 보고 모둠원들과 자신의 맞춤형 지도에 대해 이야기를 나누도록 하겠습니다. '각 단계의 목표는 무엇인가요?', '새롭게 해야 하는 일과 늘려야 할 행동은 무엇인가요?', '없애거나 줄여야 할 행동은 무엇인가요?', '이러한 행동을 했을 때 기대되는 변화들은 무엇인가요?' 이에 대해 모둠원들과 이야기를 나누어 보십시오."

📝 [활동 4] 행동수정일지 작성하기(20′)

- '결심' 영상자료를 보여준다.

  → "짧은 동영상 하나를 보여드리겠습니다. 이 영상의 의미가 무엇인지 한 번 생각해 보시기 바랍니다."

- 자신의 맞춤형 지도를 실현하기 위한 구체적인 전략들을 생각해 보도록 한다.

- 1주일 단위로 실행 가능한 전략들을 구체화하여 행동수정일지에 적고 실천하도록 한다.

  → "자신의 맞춤형 지도를 실현하기 위한 구체적인 전략들을 생각해 보고 1주일 단위로 행동수정일지를 작성해 보도록 하겠습니다. 예를 들면, 전략 중 하나가 '규칙적으로 잠을 자기'라고 한다면 '스스로 알람을 설정한다.', '취침 시 메시지 알람소리에 깨지 않도록 무음으로 설정한다.', '친구들에게 자신의 목표를 알리고 취침시간에는 메신저 혹은 메시지 전송을 자제하도록 도움을 요청한다.'와 같이 구체적으로 적어 보도록 하겠습니다. 같은 방식으로 이후의 전략도 구체화하여 적어 보도록 하겠습니다. 이때, 각

목표행동들의 성공률을 높이기 위해 자신의 강점을 활용한다면 더 효과적일 수 있겠지요?"

■동전을 던져라!

- 이 활동은 계획한 일을 실행하면서 유혹이나 위기의 순간들이 있을 때 자신의 행동을 결정하는 활동이다.
- 유혹과 위기의 순간마다 특별한 의미가 부여된 동전을 꺼내서 위로 던졌다 받은 후 손바닥으로 가린다.
- 앞면이 나오면 계획했던 행동을 실행하고, 뒷면이 나오면 그 순간의 욕구대로 행동하도록 한다.
- 행동수정일지에 동전을 던져 자신이 결정한 행동임을 표시하도록 한다.

③ 준비물

✎ 활동안내 ppt, 활동지(B4용지가 좋으나 없을 경우, A4용지도 무방함), 필기도구, 나침반, 큐티자석 10개(두 가지 색), 동영상 'Dream', '결심'

④ 활동 보조자료 및 참고자료

✎ 꿈의 지도 자료
✎ 행동수정일지

3 정리

① 진행방법

✎ 진행자가 본 회기의 목표와 내용을 간략히 요약해서 정리해 준다.

✎ 활동을 통해서 느낀 점 혹은 새롭게 알게 된 점에 대해서 이야기 나누도록 한다.

✎ 다음 회기 안내한다.

② 활동내용(5′)

✎ 진행자가 본 회기의 목표와 내용을 간략히 요약해서 정리해 준다.

✎ 활동을 통해서 느낀 점 혹은 새롭게 알게 된 점에 대해서 이야기 나누도록 한다.

→ "진로준비행동 향상을 위한 셀프리더십 프로그램 5-6회기를 마쳤습니다. 이번 회기에서는 자신의 꿈에 대해 다시 그려보고, 목표 달성을 위한 정보 탐색 및 실행을 위한 구체적인 전략을 세우고 실천해 보는 시간을 가졌습니다. 오늘 활동을 통해서 느낀 점 혹은 새롭게 알게 된 점 등에 대해서 모둠별로 이야기를 나누어보세요. 잠시 후 몇 명 친구들의 소감을 들어보도록 하겠습니다."

✎ 다음 회기 안내한다.

→ "다음 회기에서는 '목표를 향하여-궤도 수정' 에 대해서 생각해 보는 시간을 갖도록 하겠습니다. 다 같이 마무리 인사 할까요?"

[5-6회기] 행동수정일지 예시

번호	목표 행동 및 사고	구체적 목표량	구체화된 계획	요일	평가 (점수매기기)	동전던지기 실행여부(○ ×)
1	일찍 자기	11시에 자기 주 3회	10시 45분부터 알람을 5분 간격으로 3회 설정	월 화 수 목 금 토 일	90점	
2	진로 관련 정보 탐색하기	주 2회 1시간씩	방과 후 최신자료 스크랩하고 내가 노력해야 할 사항 점검	월 화 수 목 금 토 일	80점	
3	자기 칭찬하기	하루 1회 이상	"잘했어!" , "괜찮아!" 하며 나에게 힘 부여하	월 화 수 목 금 토 일	100점	
4	비합리적인 사고 줄이기 ♣ 예시자료 참고	하루 동안 머릿속에서 stop 버튼 누르기 주 1회	나의 비합리적인 신념에 대해 알아보고 줄이기 위해서 노력하기	월 화 수 목 금 토 일	70점	

[5-6회기] 예시자료 : Ellis가 제시한 9가지 비합리적인 신념

※ 아래의 내용은 사람들이 많이 가지고 있는 비합리적인 신념들입니다.
자신이 가지고 있는 비합리적인 신념을 체크해 보십시오.

① 알고 있는 모든 중요한 사람으로부터 사랑받고, 인정받고, 이해 받아야만 가치 있는 사람이다.

② 일이 내 뜻대로 진행되지 않는다면 이는 매우 끔찍한 일이다.

③ 완벽한 능력이 있고 성공을 해야만 가치 있는 인간이다.

④ 나의 과거의 사건들이 현재의 행동을 결정한다.

⑤ 인간의 문제는 완전한 해결책이 있고 만약 그 해결책을 발견할 수 없다면 이는 끔찍한 일이다.

⑥ 나는 항상 고통이 없이 편안해야만 한다.

⑦ 인생에서의 어려움은 부딪히기보다는 피해 가는 것이 편하다.

⑧ 우리는 다른 사람에게 의지해야만 하고 의지할 강한 누군가가 있어야만 한다.

⑨ 행복이란 외부 사건들에 의해 결정되며 우리는 통제할 수 없다.

활동주제	목표를 향하여-궤도 수정		
활동목표	■ 목표행동의 실패 원인을 분석할 수 있다. ■ 성공을 높이기 위한 방법을 구상하여 다시 적용할 수 있다. ■ 성공과 실패사이에서 경험한 감정들을 수용할 수 있다. ■ 문제해결능력과 재설계능력을 키울 수 있다.		
활동대상	청소년	소요시간	90분
준 비 물	프로그램 진행 ppt 자료, 활동지, 나침반, 큐티자석 10개(두 가지 색), 필기도구, 동영상 '꿈, 하늘을 달리다', 'The Road not Taken'		
활동과정	활동내용		유의사항
분위기조성 (도입) 5′	■ '꿈, 하늘을 달리다' 동영상 시청하기 • '꿈, 하늘을 달리다' 동영상을 시청한 후, 생각과 느낌을 나누도록 한다.		'꿈, 하늘을 달리다' 영상자료
중심활동 (전개) 80′	■ [활동 1] 행동수정일지 점검하기(10′) • 그동안 작성된 행동수정일지를 살펴보도록 한다. • 실천 결과에 대해 스스로 평가해 보도록 한다. • 모둠원들과 서로 동기를 부여해 주도록 한다. ■ [활동 2] 30년 후 실패담(30′) • 30년 후, 지금의 모둠원들과 이 자리에서 다시 만난 자신의 모습을 상상하도록 한다. • 자신의 진로목표와 관련하여 결심한 것을 실천하지 못하고 자신이 원하는 방향대로 변화하지 못했을 경우를 진지하게 상상하도록 한다. • 활동에 대해 소개한 뒤 각자 생각하고 상상할 시간을 갖도록 한다. • 30년을 하고자 하는 일에 대한 노력도 없이 변화의지도 없이 그저 그렇게 살아온 자신의 모습을 활동지에 그림으로 표현하거나 글로 적도록 한다.		활동안내 ppt 활동안내 ppt 활동지 필기도구

	• 모둠원들끼리 서로 피드백을 주고받도록 한다. • 전체 집단원들에게 '30년 전 노력하지 못한 이유가 무엇인지, 변화하지 못하게 한 요인은 무엇인지', '다시 30년 전으로 돌아갈 수 있다면 무엇을 하고 싶은지'를 묻고 생각하도록 한다. • 구체적인 상황 연출이 가능하거나 자신의 생각을 발표할 수 있는 몇 명의 친구들에게 '지금', '여기서' 하고 싶은 시도를 해 볼 수 있도록 기회를 주거나 발표를 하도록 한다.	
	■ [활동 3] 재설계 – 최종 지도 완성하기(20′) • 지금까지의 모든 활동을 종합하여 꿈의 실현을 위한 최종 지도를 완성하도록 한다. • 5회기 '내 꿈의 지도 만들기' 처럼 20대, 30대 등의 단위로 작성하도록 한다. • 완성된 지도를 가지고 모둠원들과 이야기 나누도록 한다. ■ [활동 4] 걸어온 길, 걸어갈 길, 꿈의 길(20′) • 지금까지의 활동을 돌아보면서 변화과정과 현재의 결과를 느껴보도록 한다. • 자신의 진로목표가 얼마만큼 구체적이고 실제적으로 바뀌어가고 있는지를 느껴보도록 한다. • 앞으로 이러한 노력이 중단되지 않도록 하기 위해 어떠한 결심을 하게 되었는지 생각해 보도록 한다. • 그동안의 변화와 결심에 대해 모둠원들과 이야기 나누도록 한다. • 'The Road not Taken'을 시청하도록 한다.	활동안내 ppt 나침반 말 활동지 활동안내 ppt 'The Road not Taken' 영상자료
느낌나누기 (정리) 5′	■ 진행자가 본 회기의 목표와 내용을 간략히 요약해서 정리해 주기 ■ 활동을 통해서 느낀 점 혹은 새롭게 알게 된 점에 대해서 이야기 나누기 ■ 다음 회기 안내하기	

① 도입

① 진행방법

✎ '꿈, 하늘을 달리다'를 보여준 후, 생각과 느낌을 나누도록 진행한다.

② 활동내용(5′)

✎ '꿈, 하늘을 달리다'를 보여준 후, 생각과 느낌을 나누도록 한다.

- 동영상을 보여준 후, 생각과 느낌을 발표하도록 한다.
  → "안녕하세요? 여러분, 만나서 반갑습니다. 오늘은 본 활동을 시작하기 전에 '꿈, 하늘을 달리다'에 관한 동영상을 먼저 보겠습니다. 동영상을 시청한 후 여러분이 느끼는 느낌과 생각에 대해 들어보도록 하겠습니다."
  → "어떤 느낌과 생각이 드는지 몇 명 친구들의 이야기를 들어볼까요?"
- 발표를 듣고 진행자는 적절한 피드백을 하도록 한다.

③ 준비물

✎ '꿈, 하늘을 달리다' 동영상

② 전개

① 진행방법

✎ 전개에서는 7-8회기가 통합되어 있고, 4개의 활동주제가 있다. 전체 진행은 진행자가 하지만 각 활동주제 내에서는 모둠별로 활동이 이루어지도록 한다.

- 5인 1모둠으로 미리 좌석 배정을 해둔다.
- 활동목표 도달여부 및 시간적 여유 등을 고려하여 Block Time으로 운영하거나 각 회기를 따로 운영하거나 진행자가 융통성 있게 활용한다.

② **활동내용**

✐ [활동 1] 행동수정일지 점검하기(10′)

- 그동안 작성된 행동수정일지를 살펴보도록 한다.

- 실천 결과에 대해 스스로 평가하도록 한다.

- 모둠원들과 서로 동기를 부여해 주도록 한다.

  → "그동안 여러분이 작성한 행동수정일지를 살펴보도록 하겠습니다. 각각의 목록들을 보면서 실천의 정도를 스스로 평가하는 시간을 가져보도록 하겠습니다. 변화가 있었거나 변화가 없었던 이유도 생각해 보도록 하겠습니다. '성공하고 긍정적으로 변화된 상태와 그 순간의 느낌은 어떠했습니까?', '실패하고 부정적으로 변화된 상태와 그 순간의 느낌은 어떠했습니까?', '동전던지기 체험을 했을 때, 유혹의 순간 결정한 마음과 느낌은 어떠했습니까?', '행동수정일지를 보면서 느끼는 전반적인 감정은 어떠합니까?' 이에 대해 모둠원들과 이야기를 나누어 보십시오. 이야기를 나누는 동안 서로 긍정적인 피드백을 해주면서 동기를 부여해 줄 수 있도록 합니다."

✐ [활동 2] 30년 후 실패담(30′)

- 30년 후, 지금의 모둠원들과 이 자리에서 다시 만난 자신의 모습을 상상하도록 한다.

- 자신의 진로목표와 관련하여 결심한 것을 실천하지 못하고 자신이 원하는 방향대로 변화하지 못했을 경우를 진지하게 상상하도록 한다.

  → "잠시 후 우리는 지금으로부터 30년이 지나고 지금 이 자리에서 다시 만나게 될 것입니다. 그런데 한 가지 중요한 특징은 우리 모두가 30년간 각자의 진로목표를 위한 어떠한 변화도 해결하지 못한 채 여기 다시 모인다는 것입니다. 각자가 자신이 원하는 진로 혹은 직업과 관련하여 가장 노력하고자 했던 부분이 전혀 변화되지 못한 채, 자신의 강점을 활용하지 못한 채, 여전히 진로에 대한 고민을 하고 있는 채로 만나게 되는 것입니다. 30년의 세월이 지났음에도 불구하고 말입니다."

- 활동에 대해 소개한 뒤 각자 생각하고 상상할 시간을 갖도록 한다.

  → "잠시 눈을 감고 혼자만의 시간을 가지십시오. 제가 다시 눈을 뜨라고 하면 30년이 지나있는 것이 됩니다. 그때는 자신이 30년 후의 자신으로 되어 있어야 합니다."

- 30년을 하고자 하는 일에 대한 노력도 없이 변화의지도 없이 그저 그렇게 살아온 나의 모습을 활동지에 그림으로 표현하거나 글로 적도록 한다.

- 모둠원들끼리 서로 피드백을 주고받도록 한다.
- 진행자가 전체 집단원들에게 '30년 전 노력하지 못한 이유는 무엇인지, 변화하지 못하게 한 요인이 무엇인지', '다시 30년 전으로 돌아갈 수 있다면 무엇을 하고 싶은지'를 묻고 생각하도록 한다.
- 구체적인 상황 연출이 가능하거나 자신의 생각을 발표할 수 있는 몇 명의 친구들에게 '지금', '여기서' 하고 싶은 시도를 해 볼 수 있도록 기회를 주거나 발표를 하도록 한다.

※ 가능하면 역할극으로 진행하고 한 모둠정도는 전체 발표로 유도한다.

※ 노력하고 변화하는 주체는 자신임을 알고 선택과 책임을 느끼게 하며, 변화의지를 갖고 실천하도록 하는 데 중점을 둔다.

✎ [활동 3] 재설계 – 최종 지도 완성하기(20′)

- 지금까지의 모든 활동을 종합하여 꿈 실현을 위한 최종 지도를 완성하도록 한다.
- 5회기 '내 꿈의 지도 만들기' 처럼 20대, 30대 등의 단위로 작성하도록 한다.
- 완성된 지도를 가지고 모둠원들과 이야기 나누도록 한다.
  - → "지금부터는 자신만의 꿈을 이루기 위한 최종 지도를 완성하도록 하겠습니다. 그동안의 아이디어, 자신의 성격 혹은 주변환경 등 이 모든 부분을 고려해서 실행 가능한 최종 지도를 완성해 보십시오. 지도의 표현 형식은 여러분 스스로 자유롭게 정하시면 됩니다. 지도가 완성되면 모둠원들과 이야기를 나눕니다. 이때 나머지 모둠원들은 진정어린 칭찬과 응원의 피드백을 해 주도록 합니다."

✎ [활동 4] 걸어온 길, 걸어갈 길, 꿈의 길(20′)

- 지금까지의 활동을 돌아보면서 변화과정과 현재의 결과를 느껴보도록 한다.
- 자신의 진로목표가 얼마만큼 구체적이고 실제적으로 바뀌어가고 있는지를 느껴보도록 한다.
- 앞으로 이러한 노력이 중단되지 않도록 하기 위해 어떠한 결심을 하게 되었는지 생각해 보도록 한다.

• 그동안의 변화와 결심에 대해 모둠원들과 이야기 나누도록 한다.

➡ "여러분이 지금까지 해 왔던 활동들을 돌아보면서 어떠한 변화가 있었는지 느껴보시기 바랍니다. 그리고 자신이 선택한 진로목표를 위해서 앞으로 어떻게 해야 하는지도 생각해 보시기 바랍니다. 앞으로도 이러한 노력들이 지속적으로 이어지도록 어떤 결심을 하게 되었는지도 생각해 보시기 바랍니다. 그리고 모둠에 있는 친구들과 그동안의 변화와 결심에 대해서 이야기를 나누고 서로서로 칭찬과 응원을 해주도록 하십시오."

• 영상자료 'The Road not Taken'을 보면서 생각하도록 한다.

③ 준비물

✎ 활동안내 ppt, 활동지(B4용지가 좋으나 없을 경우, A4용지도 무방함), 필기도구, 행동수정일지, 나침반, 큐티자석 10개(두 가지 색), 영상자료 'The Road not Taken'

④ 활동 보조자료 및 참고자료

✎ 자신이 작성한 행동수정일지

3 정리

① 진행방법

✎ 진행자가 본 회기의 목표와 내용을 간략히 요약해서 정리해 준다.

✎ 활동을 통해서 느낀 점 혹은 새롭게 알게 된 점에 대해서 이야기 나누도록 한다.

✎ 다음 회기 안내한다.

② 활동내용(5′)

✎ 진행자가 본 회기의 목표와 내용을 간략히 요약해서 정리해 준다.

✎ 활동을 통해서 느낀 점 혹은 새롭게 알게 된 점에 대해서 이야기 나누도록 한다.

→ "진로준비행동 향상을 위한 셀프리더십 프로그램 7-8회기를 마쳤습니다. 이번 회기에서는 행동수정일지를 점검하고, 최종 지도를 완성하였습니다. 그리고 지금까지의 활동들을 돌아보고 변화과정에 대해 느껴보며 지속적인 실행을 위한 결심도 다지는 시간을 가졌습니다. 오늘 활동을 통해서 느낀 점 혹은 새롭게 알게 된 점 등에 대해서 모둠별로 이야기를 나누어보세요. 잠시 후 몇 명 친구들의 소감을 들어보도록 하겠습니다."

✎ 다음 회기 안내한다.

→ "다음 회기에서는 '나의 꿈, 나의 미래!' 에 대해서 생각해 보는 시간을 갖도록 하겠습니다. 다 같이 마무리 인사 할까요?"

활동주제	나의 꿈, 나의 미래!		
활동목표	■ 목표성취에 대한 보람을 느낄 수 있다. ■ 목표행동을 지속시키기 위해 자기동기부여를 할 수 있다.		
활동대상	청소년	**소요시간**	90분
준 비 물	활동지, 필기도구, 동영상 자료 '되고법칙', 프로그램 만족도 및 소감문		
활동과정	활동내용		유의사항
분위기조성 (도입) 10′	■ '되고법칙' 동영상 시청하기 • '되고법칙' 동영상을 시청한 후, 느낌과 생각을 나누도록 한다.		'되고 법칙' 영상자료
중심활동 (전개) 70′	■ [활동 1] 30년 후 성공담(35′) • 7회기에서의 활동과 반대로 30년 후 자신의 성공한 모습을 떠올리며 성공한 내용을 작성한다(1분 스피치 또는 인터뷰 형식). • 30년 후 모교를 방문하여 자신의 성공담에 대해 발표하는 장면을 연출하도록 한다.		활동안내 ppt 활동지 필기도구
	■ [활동 2] 프로그램 마무리(35′) • 프로그램을 마치며 스스로의 평가를 통해 셀프리더가 되 기 위한 의지를 다지도록 한다. • 프로그램 소감문과 만족도를 작성하도록 한다.		만족도 소감문
느낌나누기 (전체 정리) 10′	■ 진행자가 본 회기의 목표와 내용을 간략히 요약해서 정리 해 주기 ■ 전체 활동을 통해서 느낀 점 혹은 새롭게 알게 된 점에 대 해서 이야기 나누기 ■ 프로그램 마무리하기		

1 도입

① 진행방법

✐ '되고법칙' 동영상을 시청한 후, 느낌과 생각을 나누도록 진행한다.

② 활동내용(10′)

✐ '되고법칙' 동영상을 시청한 후, 느낌과 생각을 나누도록 한다.

- 동영상을 시청한 후, 생각과 느낌을 발표하도록 한다.
  - → "안녕하세요? 여러분, 만나서 반갑습니다. 어느덧 마지막 회기가 되었습니다. 그동안 여러분께서 자신의 진로목표를 향하여 행동과 생각에 변화가 있었기를 바랍니다. 이러한 변화에 도움을 드리고자 마지막으로 준비한 동영상은 '되고법칙' 입니다. 함께 보실까요?"
  - → "어떤 생각과 느낌이 드는지 몇 명 친구의 발표를 들어보겠습니다. 어느 친구가 먼저 발표해 주실까요?"

③ 준비물

✐ '되고법칙' 동영상

2 전개

① 진행방법

✐ 전개에서는 2개의 활동주제가 있다. 모든 활동은 전체 발표를 할 수 있도록 진행한다.

② 활동내용

✐ [활동 1] 30년 후 성공담(35′)

- 7회기 활동과 반대로 이번 활동에서는 30년 후 자신의 성공한 모습을 상상한 후 성공한 내용을 활동지에 간단히 작성하도록 한다.

- 30년 후 모교로부터 초청을 받아 모교를 방문하여 자신이 어떻게 성공했는지 후배들에게 발표하는 장면을 연출하여 전체 모둠원 앞에서 발표하도록 한다.

  → "마지막 활동입니다. 30년 후 자신이 원하던 일을 하고 있는 성공한 모습을 상상해 보십시오. 잠시 후 모교로부터 초청을 받아 후배들에게 어떻게 성공했는지 성공담을 들려줘야 하는 장면을 연출하여 발표하도록 하겠습니다. 즉, 모교를 방문하여 후배들에게 성공담을 이야기해 주는데 1분 스피치 또는 인터뷰 형식으로 진행하겠습니다. 인터뷰 질문은 '① 지금 하고 있는 일은 무엇인가요?, ② 그 일을 선택하게 된 이유와 계기는 무엇인가요?, ③ 그 일을 하기까지 특별히 도움을 주신 분은 누구인가요?, ④ 그 위치까지 도달하기 위해 어떤 노력을 하셨나요?, ⑤ 선배님을 알고 계신 분들께 선배님의 강점이 뭐냐고 물으면 뭐라고 말할 것 같나요?, ⑥ 후배들에게 꼭 해주고 싶은 말은 무엇인가요?" 등 ppt 자료를 참조하시면 됩니다. 5분정도 각자의 이야기를 작성하는 시간을 갖고 전체 발표를 하도록 하겠습니다. 발표 시간은 약 1분 정도이고, 발표가 끝나면 큰 박수로 답해 주시기 바랍니다."

✎ [활동 2] 프로그램 마무리(35′)

- 프로그램을 마치며 스스로의 평가를 통해 셀프리더가 되기 위한 의지를 다지도록 한다.
- 프로그램 소감문과 만족도를 작성하도록 한다.

  → "진로준비행동 향상을 위한 셀프리더십 프로그램을 모두 마쳤습니다. 마지막으로 프로그램을 마치며 스스로를 평가해 보면서 자신의 꿈을 실현하기 위한 의지를 다져 보시기 바랍니다. 지금부터는 이 프로그램에 대한 소감문과 만족도를 작성하는 시간을 갖도록 하겠습니다."

③ 준비물

✎ 활동 안내 ppt, 활동지(B4용지가 좋으나 없을 경우, A4용지도 무방함), 필기도구, 소감문 및 만족도 평가지

① 진행방법

✎ 진행자가 프로그램 목표와 내용을 간략히 요약해서 정리해 준다.

✎ 전체 활동을 통해서 느낀 점 혹은 새롭게 알게 된 점에 대해서 발표하도록 한다.

✎ 프로그램을 마무리한다.

② 활동내용(10′)

✎ 진행자가 프로그램 목표와 내용을 간략히 요약해서 정리해 준다.

✎ 전체 활동을 통해서 느낀 점 혹은 새롭게 알게 된 점에 대해서 발표하도록 한다.

→ "진로준비행동 향상을 위한 셀프리더십 프로그램 마지막 회기를 마쳤습니다. 그동안 적극적으로 참여해 주신 여러분께 큰 박수를 보냅니다. 여러분이 자신의 진로를 결정하고 준비하면서 자신이 정한 목표를 위해 생각과 행동을 이끌어가는 셀프리더가 되기를 진심으로 바랍니다. 지금까지의 활동을 통해서 느낀 점 혹은 새롭게 알게 된 점 등에 대해서 발표할 친구가 있으면 발표해 주십시오."

✎ 프로그램을 마무리한다.

Part 2

청소년의 진로준비행동 향상을 위한
셀프리더십 프로그램
개발 및 효과성 검증

04
서론

🧭 연구 필요성

우리는 우리의 청소년들이 자기 자신을 제대로 파악하고 자신의 잠재능력을 계발하여 행동으로 발전시켜 나가기를 기대한다. 강점을 살리고 약점을 보완하면서 더 나은 자신이 되기 위해 노력하기를 바라고, 자신의 꿈을 찾아 실현 가능하도록 행동으로 옮기기를 바라며, 삶의 주체로서 자신의 인생을 행복하게 이끌어 가기를 바란다. 그러나 안타깝게도 많은 청소년들은 본인의 노력보다는 상황이나 다른 누군가가 자신을 행복하게 만들어 주기를 무의식적으로 바라고 있는 것 같다. 본 연구는 우리 사회의 많은 청소년들이 자기 인생의 매니저로서 자신의 꿈을 실현하기 위한 실행계획들을 세우고 실천해 나가면서 행복을 느낄 수 있도록 도움을 주고자 하는 목적에서 진행되었다.

김경일(2014)은 『나의 잠재력을 찾는 생각의 비밀코드 지혜의 심리학』이라는 그의 저서에서 행복과 기쁨, 즐거움, 만족 등의 긍정적 정서는 우리가 그 느낌을 향해 많은 노력을 해야만 얻을 수 있다고 말한다. 우리의 뇌는 일반적으로 내부와 중심으로 들어갈수록 본능, 즉 타고난 것과 관련이 있고, 가장 바깥쪽에 있는 대뇌피질에 가까울수록 후천적이며 해석이 필요한 내용과 관련이 있는데, 인간의 뇌는 태아에서부터 성장해 나가는 동안 내부·중심으로부터 외부·전

면으로 발달해 나간다. 부정적 정서를 담당하는 뇌 구조물은 안쪽에, 긍정적 정서를 담당하는 뇌 구조물은 더 바깥쪽에 분포한다. 이것은 우리가 긍정적인 정서를 느끼기 위해서는 후천적인 노력을 해야 한다는 것을 의미하는 것이다. 행복과 기쁨은 우리가 그 느낌을 향해 많은 노력을 해야만 '가질 수 있는 것'이라고 말하고 있다.

마고트 슈미츠와 미하엘 슈미츠(2011)도 그들의 저서『화내지 않고 휘둘리지 않고 내 감정 사용하는 법』에서 진정한 행복은 삶을 대하는 긍정적인 태도와 자신의 노력에서 자라난다고 하였다. 행복은 무엇을 가졌느냐보다 무엇을 하느냐와 더 관계가 있고, 행복을 얻으려고 스스로 노력해야 한다고 하면서, 진정한 행복은 진실할 때 즉, 자신을 제대로 파악할 때라고 하였다. 자신이 원하는 것과 가질 수 있는 것이 무엇인지, 얻으려고 노력할 가치가 있는 것이 무엇인지, 어떤 환상을 버려야 하는지, 지금 주어진 조건에서 자신의 성향으로 무엇을 성취할 수 있는지 파악해야 하는 것이다. '긍정심리학'으로 유명한 하버드대학교 Tal Ben-Shahar(2013)도 지속적인 행복은 긍정적인 경험을 추구하는 데서 나온다고 보았다.

이렇듯 많은 심리학자들은 '행복은 만들어지는 것이기 때문에 스스로 노력해야만 행복한 삶이 가능하다'고 말한다. 즉, 행복은 자신이 얼마나 노력하느냐에 따라 느낄 수 있는 것이다. 이러한 맥락에서 청소년들에게 셀프리더십을 키워주는 일은 그들이 자신의 행복한 삶을 만들어가는 데 매우 중요한 일이다. 셀프리더십은 '자신의 일을 수행함에 있어서 필요한 자기지시(self-direction)와 자기동기부여(self-motivation)를 하기 위해 스스로 자신에게 영향력을 행사하는 과정'이라고 정의하고 있다(Manz, 1986 ; Manz & Sims, 2001 ; Neck & Manz, 1996). 즉, 자신의 변화와 성장을 위해 스스로 목표를 설정하고, 동기를 부여하면서 자신의 행동과 사고를 바람직한 방향으로 이끌어가기 위해 행동 및 사고전략을 사용하여 자신에게 영향력을 행사하는 것이 셀프리더십인 것이다(Prussia, Anderson & Manz, 1998). 따라서 청소년들이 자신의 과업수행에 필요한 목표를 설정하고 동기를 부여하기 위하여 스스로 자기 자신에게 영향력을 행사함으로써 자신의 생각과 행동을 변화시키는 것은 자기 인생의 매니저로서 행복한 삶을 만들어 갈 수 있는 역량을 키워가는 것이기 때문에 중요하다 할 수 있다.

장해숙(2010)은 청소년기는 미래의 비전을 세우고 많은 사람들과의 관계를 가짐으로써 인성적 측면에서 긍정적인 기회로 작용할 수 있다는 점을 들어 청소년기를 리더십 개발의 결정적인 시기로 보았다. 그리고 셀프리더십 개발의 중요성을 세 가지로 나타냈다. 첫째는 셀프리더십이 청소년 시기의 목표 설정 행위를 원활하게 도울 수 있다는 점이고, 둘째는 셀프리더십이 청소년들의 자아존중감 형성과 밀접한 관계에 있으므로 중요하다고 보았다. 셋째는 청소년 시기의 능동적이고 적극적인 정체감 형성은 셀프리더십을 통하여 다양한 역할수행과 스스로 선택한 가치관 설정을 통하여 이루어진다고 보았다.

중·고등학교를 다니는 시기의 많은 청소년들은 자신의 정체성과 진로에 대해 고민을 하게 된다. 그러나 우리나라 청소년들은 대학 입시 준비에 치중되어 정체성이나 적성, 흥미 등을 발견하기 위한 구체적인 노력과 그러한 것들을 할 수 있는 기회가 그리 많은 편이 아니다. 설령 적성과 흥미를 찾아 진로를 결정했다고 해도 그 방향으로의 적극적이고 구체적인 노력은 어떻게 해야 하는지에 대해서 배울 기회를 갖는 청소년들은 극소수에 불과하다. 진로목표를 세우고 그에 따른 진로결정을 하더라도 진로준비행동을 하지 않으면 그 목표를 달성하는 데 어려움이 따른다. 이에 본 연구는 자신의 진로를, 넓게는 자신의 삶을 보다 주도적이고 적극적인 자세로 설계하고 실행해 나갈 수 있는 역량을 키우는 데 도움을 줄 수 있는 프로그램을 개발하는 것에 의의를 두고 있다.

앞서 기술한 바와 같이 청소년 시기는 진로와 직업을 탐색하고 준비하는 시기이며, 자기정체성을 확립해야 할 시기이기도 하다. 청소년들 특히, 고등학생들에게 자기 자신을 좀 더 깊이 들여다보면서 이해를 할 수 있도록 도움을 주고, 더 나아가 자신이 가지고 있는 잠재력과 능력을 발휘할 수 있도록 셀프리더십을 향상시켜 주고자 본 연구가 진행되었다. 이를 위해 프로그램을 집단상담의 형태로 진행하였고, 성격유형별 셀프리더십의 효과를 검증하려고 했다. 이는 추후 성격유형별 셀프리더십 향상 심화 프로그램을 개발하는 데 도움이 되고자 함이다. 아직까지 성격유형별 셀프리더십 향상을 위한 프로그램은 없기 때문에 이에 대한 심층 연구의 발판을 마련하는 것도 의의 있는 일이라 하겠다. 특히, 지문패턴을 통한 성격유형을 접목시킴으로써 적성이나 진로 등 삶의 방향성을 제시하는 데 도움을 주고자 하며, 이는 학문적 발전에도 기여할 수 있으리라 판단된다.

이에 본 연구는 청소년을 대상으로 셀프리더십 프로그램을 집단상담의 형식으로 개발하여 지문패턴을 통한 성격유형별 셀프리더십과 자아존중감, 진로준비행동의 효과를 검증해 보고자 한다.

본 연구의 연구목적과 연구문제는 다음과 같다.

연구목적 1 : 청소년을 위한 셀프리더십 프로그램을 개발한다.

　연구문제 1) 셀프리더십 프로그램 개발 절차는 어떠한가?

　연구문제 2) 셀프리더십 프로그램의 내용과 구성은 어떠한가?

연구목적 2 : 개발된 셀프리더십 프로그램의 적용 효과를 검증한다.

　연구문제 1) 셀프리더십 프로그램은 셀프리더십 향상에 효과가 있는가?

　연구문제 2) 셀프리더십 프로그램은 자아존중감 향상에 효과가 있는가?

　연구문제 3) 셀프리더십 프로그램은 진로준비행동 향상에 효과가 있는가?

05
이론적 배경

🧭 셀프리더십(self-leadership)

가. 셀프리더십의 개념

셀프리더십은 '자신의 일을 수행함에 있어서 필요한 자기지시(self-direction)와 자기동기부여(self-motivation)를 하기 위해 스스로 자신에게 영향력을 행사하는 과정'이다(Manz, 1986; Manz & Sims, 2001; Neck & Manz, 1996).

나. 셀프리더십의 구성요소

셀프리더십은 스스로 자신을 리드하기 위한 행동 및 사고방식에 초점을 둔 일련의 전략들로 구성되어 있다(Manz & Sims, 2001). 이러한 전략은 행동 지향적 셀프리더십 전략, 내적보상을 통한 셀프리더십 전략, 건설적 사고 전략에 초점을 둔 전략으로 〈표 4〉와 같다.

표 4 셀프리더십 전략

행동 지향적 전략	
• 자기목표설정	과제 수행에 대한 자신의 노력을 위해 스스로 목표를 설정한다.
• 단서관리	자신의 바람직한 행동을 촉진하기 위해 작업환경 속에서 단서를 찾고 변경한다.
• 예행연습	어떤 활동을 실제로 수행하기 전에 그 활동을 신체적·정신적으로 연습한다.
• 자기관찰	자신이 표적으로 삼고 있는 구체적인 행동을 관찰하고 그 행동에 대한 정보를 수집한다.
• 자기보상	바람직한 행동을 했을 때 스스로 가치 있게 여기는 보상을 자신에게 제공한다.
• 자기처벌	바람직하지 못한 행동을 했을 때 스스로 자신을 처벌한다(이 전략은 일반적으로 효과적이지 못할 수도 있기 때문에 이러한 경우에는 스스로 교정하는 건설적인 피드백을 효과적으로 적용한다).

내적보상 전략	
• 과제의 자기재설계	과제를 수행하면서 내적보상 수준을 높이기 위해 무슨 일을 어떻게 할 것인가를 스스로 재설계한다. 내적보상은 과제 자체와 분리되는 것이 아니라 그 일부이다. 또한 내적보상은 유능감, 자기통제감, 선한 목적 및 의미를 가져다주는 활동에서 유래한다.
• 과제환경 여건의 재설계	과제를 수행하는 환경에서 오는 내적 보상을 높이기 위해 과제를 수행하는 환경을 재설계하거나 과제 수행 시간과 장소를 변경한다.

건설적 사고 전략	
• 건설적인 사고패턴 확립	자신의 사고 속에 건설적이고 효과적인 습관 및 패턴을 확립한다. 건설적인 사고패턴은 신념과 가정, 정신적 이미지(상상적 경험), 자기대화를 관리함으로써 얻어질 수 있다.

출처 : Manz & Sims(2001). *The new super-leadership*. 김남현(역). 슈퍼리더십. 서울: 경문사(원서출판 2001). p.152

<표 4>에서 Manz와 Sims(2001)가 제시한 셀프리더십의 전략을 구체적으로 살펴보면 다음과 같다. 첫째, 셀프리더십의 행동전략(self-leadership in action)으로 자기목표설정(self-set goals), 단서관리(management of cue), 예행연습(rehearsal), 자기관찰(self-observation), 자기보상(self-rewards), 자기교정 피드백(self-correcting feedback) 등이 있다.

셀프리더십에 있어서 자기목표설정은 매우 중요하다. 목표는 단기 및 장기목표에서 스스로의 방향설정 및 우선순위의 기준이 된다. 단서관리는 건설적인 활동을 시작하도록 자극을 제시하고 그렇지 못한 활동은 제거하도록 자극을 제시한다. 예를 들면, 목표달성을 자극하는 표어나 동기유발을 자극하는 표어를 벽에 붙여놓는 것은 단서관리 전략에 기초하고 있다고 할 수 있다. 중요한 일을 수행하기 전에 그 일에 대해 충분히 생각하고 신체적 및 정신적으로 연습해 보는 예행연습은 실제 업무수행에 크게 기여할 수 있는 전략이다. 자기관찰은 효과적인 셀프리더십을 발휘하기 위한 정보를 제시한다. 즉, 개인이 자신의 행동을 관찰함으로써 바람직한 또는 바람직하지 못한 행동의 빈도나 지속성을 파악할 수 있고, 나아가 어떤 변화가 필요한지, 어떻게 개선할 수 있는지 등의 정보를 제시해 준다. 자기보상은 어떤 특정한 과업을 완성한 후 스스로에게 의도적으로 육체적 및 정신적으로 보상을 제공하는 것이다. 개인이 노력의 대가로 받는 보상은 개인의 동기유발과 미래 활동의 선택에 중요한 영향을 미칠 수 있다. 자기처벌(self-punishment)은 효과적이지 않지만 자기교정 피드백은 셀프리더십의 효과적인 행동전략이다. 자기처벌이 지나치거나 상습적일 때 그것은 오히려 개인의 노력이나 동기유발을 손상시킬 수 있다. 그러나 실패로부터 배우려는 노력, 건설적인 자기교정 피드백 제공, 성취에 대한 긍정적인 감정에 집중하는 것 등은 효과적인 대안이 될 수 있다. 자기보상과 마찬가지로 자기교정 피드백 또한 셀프리더십의 중요한 요소라고 할 수 있다.

둘째, 셀프리더십의 내적보상 전략(self-leadership through natural reward)이다. 일 자체에서 나오는 잠재적인 내적보상의 활용은 성취 및 성과를 위한 동기유발의 요인이 될 수 있기 때문에 셀프리더십 전략에 있어서 또 하나의 중요한 요소가 된다. 내적보상은 과제나 일과 밀접하게 연결되어 있다. 비록 어떤 과제가 겉보기에 단조롭고 지루하게 보일지라도 개인이 보다 더 긍정적인 정신적 노력을 기울이고 그 속에서 즐거운 감정을 느끼도록 과제를 재설계 할 수 있다면 내적 보상을 얻을 수 있다. 또한 어떤 과제나 활동이 유능감(competence), 자기 통제감(self-control), 선한 목적 및 의미(purpose and meaning) 등을 가져다 줄 때 내적보상과 동기유발이 더 증대되는 경향이 있다. 단계적으로 내적보상을 제공해 주는 유능감, 자기 통제감, 선한 목적 및 의미를 제공하는 활동을 추구함으로써 주어진 환경 내에서 셀프리더십의 특성을 구축할 수 있다. 내적보상을 찾는 또 다른 방법은 과제를 하는 환경여건을 재설계하는 것이다. 즉, 과제를 하는 시간, 과제에 대한 일정 계획 및 과제 수행 장소에 변화를 주는 것도 내적보상을 높이는데 도움이 될 수 있다.

셋째, 셀프리더십의 사고방식(self-leadership of the mind)은 인지적 접근법으로 개인의 신념관리(managing our own beliefs), 상상적 경험(imagined experiences), 자신과의 대화(self-talk) 등을 포함하고 있다. 먼저 셀프리더십 역량에 중요한 영향을 미치는 신념은 과제를 수행할 수 있는 능력에 대한 믿음이다. 성공적으로 일을 수행할 수 있는 능력을 가지고 있다는 신념은 실질적으로 그 일을 잘 할 수 있는 가능성을 높여주지만, 반대로 부정적인 신념은 일을 성공적으로 수행할 수 있는 가능성을 감소시킨다. 따라서 의도적으로 역기능적인 신념을 확인하고 그러한 사고방식을 변화시키는 것이 셀프리더십을 증진시키는 데 도움이 될 수 있다. 다음은 건설적인 정신적 이미지 즉, 긍정적인 변화를 가져오기 위해 의도적으로 상상적 경험을 형성함으로써 정신적 습관(mental habits)을 들이는 것이다. 이러한 방법은 정신적 이미지를 활용하여 긍정적인 사고패턴 확립을 가능하게 한다. 마지막으로 자신을 비판하는 인신공격적인 말 대신 건설적이고 분석적인 자신과의 대화는 사고패턴을 효과적으로 관리할 수 있게 한다.

다. 셀프리더십의 선행연구

셀프리더십의 프로그램 적용 효과와 셀프리더십과 다른 변인과의 관련성을 살펴본 선행연구들이 있다. 먼저 Neck과 Manz(1992)는 사고 셀프리더십 프로그램을 토대로 연구하였다. 사고 셀프리더십(thought self-leadership)은 사고는 자기통제(self-control)가 될 수 있다는 가정에 기초하여 자기대화, 정신적 이미지, 신념 및 가정, 그리고 사고패턴 등의 인지전략을 활용하여 자기영향력(self-influence)을 행사하는 리더십을 말한다. Neck과 Manz(1992)는 자기대화와 정신적 이미지를 활용하여 인지과정에 대한 건설적인 사고 리더십과 강화된 수행력과의 관계를 살펴본 결과 개인과 조직의 수행이 강화되었음을 보여주었다. 나아가 Neck과 Manz(1996)는 인지전략을 통해 종업원의 인지, 행동 및 정서에 영향을 미치는 사고 셀프리더십(thought self-leadership) 프로그램을 6주간 실시하였다. 사고 리더십 훈련을 경험한 참여자들은 훈련을 경험하지 못한 참여자들에 비해 정신적 수행력, 긍정적인 정서(열정) 및 직무만족도의 증가와 부정적인 정서(신경증)의 감소를 보여주었다. 또한 자기효능감을 높이고, 조직의 파산 상황을 더 낙관적으로 인식하는 것으로 나타났다. 이 연구는 인지의 효과적인 자기조절은 학습되고 개발될 수 있다는 것과 개인의 부정적인 사고패턴은 변화시킬 수 있다는 것을 시사하고 있다.

국내에서는 셀프리더십의 프로그램을 개발하고 그 적용 효과를 살펴 본 연구들이 있다. 장해숙과 이윤주(2010)는 고등학생을 대상으로 셀프리더십 프로그램의 개발 및 적용효과를 살펴보았다. 자기관찰, 목표설정, 단서관리, 자기보상, 자기비판, 예행연습, 긍정적 사고훈련 및 셀프리더십의 이해 등의 내용을 담은 셀프리더십 프로그램은 고등학생들의 셀프리더십, 자아존중감, 학습동기를 향상시킨다는 것을 보여주고 있다. 중학생을 대상으로 한 셀프리더십 프로그램의 개발과 효과를 살펴 본 박명숙과 천성문(2007)의 연구에서도 셀프리더십과 자아존중감이 유의미하게 향상되었음을 보여주었다. 심리적 안녕감을 향상시킬 목적으로 청소년들을 대상으로 개발된 셀프리더십 프로그램의 효과성을 분석한 박용석(2013)의 연구는 효과적인 셀프리더십 프로그램이 전반적으로 청소년들의 심리적 안녕감을 유의미하게 향상시켰음을 나타내고 있다. 유아를 대상으로 셀프리더십에 대한 다양한 활동으로 프로그램을 개발하고, 이를 적용하여 유아의 셀프리더십과 자아개념 향상에 효과가 있는지 살펴본 정유정, 이혜상, 김규수(2008)의 연구 또한 유아의 셀프리더십 수준과 자아개념 모두 유의미한 향상 효과가 있다는 것을 보여주었다.

요약하면, 사고에 초점을 둔 사고 셀프리더십은 개인 및 조직의 수행을 강화시켰고(Neck & Manz, 1992), 종업원의 인지, 행동, 정서에 영향(Neck & Manz, 1996)을 미쳤음을 보여주었다. 또한 셀프리더십 프로그램은 셀프리더십(박명숙, 천성문, 2007 ; 장해숙, 이윤주, 2010), 자아존중감(박명숙, 천성문, 2007 ; 장해숙, 이윤주, 2010) 및 학습동기의 향상(장해숙, 이윤주, 2010), 심리적 안녕감 향상(박용석, 2013), 자아개념의 향상(정유정, 이혜상, 김규수, 2008)에 유의미한 효과가 있음을 보여주고 있다.

🧭 성격유형

성격에 대한 연구는 오래전부터 이루어져 왔으나 심리학자들마다 각자의 입장에 따라 정의를 달리하고 있으며, 하나의 일치된 정의를 내리기는 어렵다. 이수원 외(1993)의 『심리학 인간의 이해(개정판)』에서는 여러 정의들을 토대로 성격을 "환경에 대한 개인의 적응을 특징 지우는 비교적 일관성 있고 독특한 행동양식과 사고양식"이라고 정의하였고, 성격은 타고난 소질과 성장하는 가운데 경험을 통해 습득한 경향성의 복합적인 산물이라고 하였다. 그리고 우리에게 잘 알려진 성격에 대한 정의로는 Allport(1961)의 정의가 있다. 그는 성격을 '환경에 대한 개인의 독특한 적응을 결정하는 정신적·신체적 총체로서의 개인의 역동성'이라고 정의하였다. 좀 더 간단히 표현하면, 성격은 개인을 특징짓는 지속적이며 일관된 행동과 사고양식으로 어떠한 상황에서 어떤 행동을 할 것인지를 예상케 한다.

본 연구에서는 성격특성을 알려주는 신체의 대표적인 표식인 지문을 중심으로 성격유형을 조사하고자 한다. 지문은 손가락 끝마디에 있는 피부능선이 모여서 이루어진 구조로 손가락 안쪽 끝 살갗의 무늬이다. 지문과 손바닥을 묶어서 피문학(皮紋學, Dermatoglyphics)이란 학문이 연구되고 있는데, 이는 손가락, 손바닥, 발바닥 등에 위치한 피부무늬의 배열형태를 연구하는 학문이다(문선우, 2013).

지문은 태아가 수정된 지 13~19주(약 4~5개월) 경에 형성된다. 그리고 한 번 형성된 지문은 성장함에 따라 크기만 변할 뿐 모양은 변하지 않는다. Galton은 태어나서 죽을 때까지 같은 형태의 지문을 가진다는 불변성과 사람은 모두 다른 형태의 지문을 가지고 있다는 유일성을 주장하였다(문선우, 2013).

지문 검사는 손가락 10개의 지문을 지문 디지털 인식기로 판독한 후 그 각각의 지문 유형으로 개인이 가지고 있는 성격, 적성 등을 알아보는 방법이다. 현재 우리나라 여러 연구기관에서는 Howard Gardner의 다중지능이론을 기반으로 유전자 지문적성 검사법을 개발하여 활용하고 있다. 즉, 지문측정을 통한 선천적인 성격이나 유전적 적성과 다중지능과를 연계지어 유아, 아동, 초·중·고, 대학생을 대상으로 적성파악, 진학지도, 학과선택, 취업선택 등을 효과적으로 실천하도록 하는데 활용하고 있는 것이다(김현수 외, 2010). 이러한 지문은 한 번의 검사로 평생의 참고자료가 되며, 채취를 통하여 선천적인 개인의 성향과 적성을 검사하는 것으로 유아, 아동, 장애아동은 물론 성인까지 기존 언어 혹은 비언어 성격검사나 적성검사 도구들의 이해도와 상관없이 객관적인 결과를 얻을 수 있다는 장점이 있다.

다시 말해서, 유전자 지문적성 검사는 유전자 염색체 배열에 의해 형성되는 지문의 과학적 분석을 통하여 지금까지의 언어영역과 논리수리영역의 측정에 한정되어 있던 지능검사의 맹점을 보완하고, 개개인의 유전적 정보를 통한 선천적인 특성을 100가지 유형결과로 나누어 개인의 잠재적 장점능력 계발을 극대화 시키며, 개인별 타고난 지능의 우월 순위를 찾아주어 개인에게 적합한 학업과 진로를 찾아주는데 도움을 줄 수 있는 검사법이다. 이는 아동기 때부터 정확한 분석을 통하여 학습능력을 높여주며 진로의 방향을 정확하게 인도해 주는 매개체로 높은 평가를 받고 있다. 또한 자신도 모르는 잠재능력을 파악하여 인생의 밑거름이 될 수 있도록 도와줄 수도 있다(문선우, 2013).

지문의 특징을 살펴보면 〈표 5〉와 같고, 지문패턴의 분석으로 성격의 주성향과 보조성향을 파악할 수 있다.

표 5 지문의특징

구분	Arch	loop	whorl
특징	논리, 안정추구	감성, 협력, 칭찬	원칙, 지배, 통제
말투	차분함	따뜻함, 부드러움	명령적, 단도직입적
관심	자신의 내면	분위기, 주변상황	소속감, 현실감
스트레스 대처방법	혼자의 시간을 가짐	다른 사람에게 이야기, 노래	등산 등, 자신을 들여다봄
장점	철저한 준비, 차분함	감성이 풍부, 분위기 메이커	책임감, 흑백논리
단점	정확한 지시가 필요함	충동적, 감정의 기복이 심함	지배적, 명령적, 이기적

출처 : 한국 유전자 지문적성 연구소(2014)

이용재(2007)에 의하면, 성격유형은 10가지의 주성향과 10가지의 보조성향으로 분류할 수가 있고, 이렇게 나타난 것은 총 100가지 유형으로 나타낼 수 있다. 주성향은 외면적으로 보여지는 성향이고, 보조성향은 내면적, 사고적인 면에서 나타나는 성격이라 할 수 있다. 이러한 성격의 유형 중 60%~70%는 주성향이 외면적으로 자연스럽게 나타나나 30%~40%의 경우는 주변의 환경과 학습에 의해 자신의 성격이 이미 내면화되어 외형적으로 나타나지 않는 경우도 있다. 그리고 성격의 유형에 따라서는 하나의 주성향만이 나타나는 경우도 있으며, 부모 및 환경의 영향으로 성향이 바뀌어 보조성향이 먼저 나타나는 경우도 있다.

성격의 유형은 안정형, 연구형, 감성형, 관찰형, 관계형, 사고형, 현실형, 리더형, 완벽형, 열정형으로 나눌 수 있으며 〈표 6〉과 같다.

표 6 10가지 성격유형

성격유형	장점	단점	대인관계
안정형	• 꼼꼼하고 예의바르며 부지런함 • 비밀을 중요하게 생각하고 다른 사람을 잘 배려함	• 감정표현이 서툴고 자신의 기준에 고집을 부림	• 새로운 친구를 만나거나 사람이 많은 장소를 좋아하지 않으며 진지하지 못한 사람은 믿지 않음
연구형 (창의형)	• 창의력이 뛰어나고 상상력이 풍부함 • 호기심이 많으며 새로운 것에 관심이 많음	• 마무리를 잘 맺지 못할 수 있으며 평범하고 흥미 없는 일을 하지 않으려는 경향이 있음	• 표현력이 뛰어나며 활동적 성격으로 새로운 친구들과 잘 어울리고, 간접적 친구관계에도 능함
감성형	• 감성이 풍부하고 분위기와 환경에 민감함 • 비밀이 적고 표현이 풍부함	• 거절을 두려워하며 환경의 영향을 많이 받음 • 감정의 기복이 심하며 쉽게 포기함	• 새로운 사람을 만나 교제하는 것을 좋아하고 협력적이기 때문에 단체 생활을 좋아하고 적응을 잘함

관찰형 (직관형)	• 관찰하는 것을 좋아하며 독특한 생각과 아이디어로 새로운 대안을 제시함 • 사물을 보는 눈이 날카로워 자신의 주장이 강한 듯 보임	• 다소 자기중심적이며 감정의 좋고 나쁨이 심함 • 자신을 이해해주지 못하거나 자신이 이해할 수 없는 친구에 대해서는 비판적이며 도전적인 태도를 보임	• 독립적인 면이 있지만 자신만의 방식과 매력으로 관계를 잘 이끌어 감 • 가끔씩 친구관계에서 외로움이나 열등감을 경험하곤 함
관계형	• 다른 사람에 대한 관심과 이해력이 좋고 다양한 각도에서 생각하여 해결책을 활용함	• 다른 친구와의 충돌을 싫어하기 때문에 충돌자체를 피하고자 하는 경향이 있음	• 다른 친구에 관심이 많고 다툼과 분쟁을 싫어하며 단체의 분위기를 중요시 함
사고형	• 다른 사람에 대한 배려가 강하고 생각이 많음 • 친구관계가 원만하며 묵묵히 최선을 다함	• 다른 사람의 감정과 요구에 자신의 주장을 죽이고 새로운 환경에 적응하지 못하면 남에게 의지하려는 경향이 있음	• 다른 친구의 생각이나 주장에 동의하지 않더라도 겉으로 잘 표현하지 못하며 남 앞에 서는 것을 다소 쑥스러워함
리더형 (주도형)	• 문제에 부딪쳤을 때 해결하려는 욕구가 강함 • 결과를 잘 만들어 내고 통솔력이 뛰어남	• 권위적이거나 인정할 수 없는 사람에 대해서는 강하게 싫어하며 반대하려는 경향이 있음	• 독립심이 강하고 다른 사람에게 인정받는 것을 중요하게 생각하므로 자신의 감정을 절제하려 함
현실형	• 환경에 적응력이 강하고 목표 지향적으로 어려움을 잘 극복해 냄 • 긍정적인 사고를 가지고 있음	• 여러 가지 욕심으로 하나의 결과를 만들기 쉽지 않으며 자신의 감정에 따라 쉽게 포기하는 경향이 있음	• 자신의 감정을 표현할 정도로 친구들과 사이가 좋으나 자신에게 필요한 친구와 그렇지 못한 친구를 구분하는 경향이 있음

열정형	• 자신감이 많고 목표를 달성하려는 노력형임 • 어려움에 빠져도 감정적이지 않게 대처하려는 능력이 있음	• 자신의 능력이 다른 사람에 비해 부족하다고 생각하면 자신감이 떨어짐 • 목표가 달성되지 않으면 집중력이 현격히 떨어짐	• 상황에 대한 대처 방법이 뛰어나고 칭찬으로 남을 설득하는 능력이 있음 • 다소 경쟁적이면서 협력을 잘함
완벽형 (전략형)	• 미래 지향적이고 진보적인 사고를 가지며 일의 중요성을 잘 파악하고 자기관리 능력이 탁월함	• 강한 자기주장과 의욕으로 인해 다른 사람을 힘들게 하며 실수를 쉽게 인정하려 하지 않음	• 노력을 많이 하고 책임감이 강하며 상냥한 사람에게는 다정다감하나 권위적인 사람에게는 강하게 반발함

지문의 대표적 문형 및 특징을 살펴보면, 〈표 7〉과 같다.

표7 지문 문형 및 특징

안정형(Simple Arch 형)		연구형(Tented Arch 형)	
	• 물결과 같이 흐르는 모양이며 삼각점이 없음		• 안정형과 같은 물결모양이며 가운데가 올라가 있음 • 특정 각도를 가지며 중심이 마치 텐트의 모양을 하고 있음
감성형(Ulnar Loop 형)		**관찰형(Radial Loop 형)**	
	• 삼각점이 한 개 있고 융선 나가는 꼬리 모양이 엄지에서 약지 손가락 쪽으로 흐름		• 삼각점이 한 개 있고 융선 나가는 꼬리 모양이 약지에서 엄지 손가락 쪽으로 흐름
관계형(Composite Whorl 형)		**사고형(Imploding Whorl 형)**	
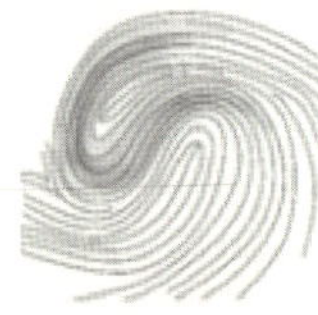	• 좌·우 각각 삼각점이 한 개씩 있고 감성형 두 개의 모양이 얽혀있는 형태를 갖추고 있음		• 좌·우 각각 삼각점이 한 개씩 있고 감성형 두 개의 모양이 얽혀있는 모양을 갖추고 있음 • 관계형과 비슷한 형이나 외곽이 원형을 이루고 있음
현실형(Double Whorl 형)		**리더형(Spiral Whorl 형)**	
	• 좌·우 각각 삼각점이 한 개씩 있고 중심점에 달팽이 모양 두 개가 어우러져 있는 모양으로 이루어져 있음	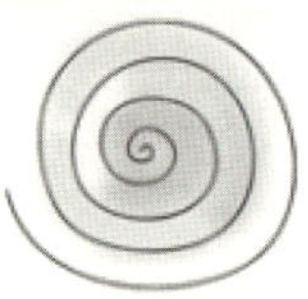	• 좌·우 각각 삼각점이 한 개씩 있고 중심이 달팽이 모양으로 되어 있음
완벽형(Concentric Whorl 형)		**열정형(Peacock's Eye 형)**	
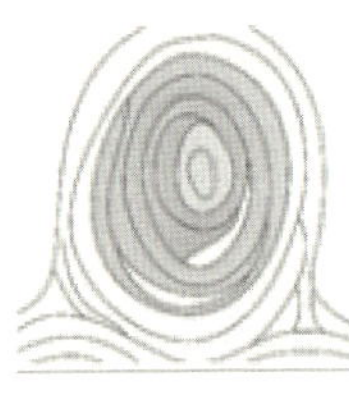	• 좌·우 각각 삼각점이 한 개씩 있고 융선 모양이 원형을 이루고 있음	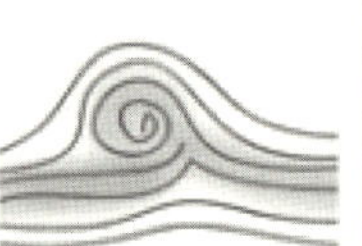	• 좌·우 각각 삼각점이 한 개씩 있으나 한쪽은 중심점에서 가깝고 한쪽은 멀리 구성되어 있음 • 모양이 공작새 부리나 눈의 모양을 하고 있으며 중심은 완벽형이나 리더형으로 되어 있음
특수문형(Accidental 형)		**형태없는 문형(No Pattern 형)**	
	• 좌·우 각각 삼각점이 한 개씩 있고 가운데 삼각점이 한 개 더 있음 • Arch형, Whorl형, Loop형 등 세 개의 형이 어우러져 있는 모양을 가지고 있음		• 삼각점이나 융선이 명확하지 못하고 일정한 형의 패턴이 없는 모양임

출처 : 한국 유전자 지문적성 연구소(2014)

성격유형의 결과는 자신을 이해하고 앞으로의 방향을 설정하는데 도움이 될 수 있다. 지문검사를 활용하여 잠재되어 있는 자신의 강점을 발견하고 계발할 수 있도록, 현재를 좀 더 보완하여 미래를 설계하고 준비할 수 있도록 하는데 도움을 주고자 한다. 그러나 지문검사는 통계적으로 상당한 토대가 있음에도 불구하고 협회나 통일된 단체가 없어 학문적 체계를 구축한 심리학계나 타검사업계에 대응하지 못하는 한계가 있다. 조속히 학문적 토대를 위한 임상과 통계 및 이론적 토대를 구축하는 등의 체계적 조치를 강구해야 할 것이다(문선우, 2013).

🧭 자아존중감(self-esteem)

가. 자아존중감의 개념

자아존중감은 '전체로서 자기에 대한 개인의 긍정적 또는 부정적인 태도'이다(Rosenberg, Schooler, Schoenbach & Rosenberg, 1995). 자아존중감은 보다 일반적인 자아개념과 구분이 된다. 자아개념(self-concept)은 자기에 대해 알려진 모든 것으로 이름, 인종, 신념, 가치, 좋아하는 것과 싫어하는 것, 외모 등을 포함한다(Lopez & Snyder, 2008). 반면 자아존중감은 자신에 대해 관찰하고 평가할 때 경험하는 정서적인 반응이다(Lopez & Snyder, 2008).

나. 자아존중감의 선행연구

자아존중감의 선행연구들을 살펴보면 많은 긍정적인 결과들과의 관련성을 찾아볼 수 있다. Makikangas, Kinnunen and Feldt(2004)의 1년에 걸친 종단적 연구결과는 자아존중감과 건강과의 관계가 높은 관련성이 있음을 보여준다. 자아존중감과 긍정적 및 부정적 정서를 조절하는 자기효능감 신념에 대한 Caprara, Alessandri, Barbaranelli and Vecchione(2013)의 종단적 연구에서도 자아존중감은 지각된 정서 자기조절 효능감을 예측하는 주요한 요인임을 보여주고 있다. 특히 높은 자아존중감 수준은 차후의 효능감 신념 수준을 지속적으로 예측했다.

청소년을 대상으로 자아존중감과 진로태도성숙 발달에 대한 최수미(2009)의 종단연구에서도 자아존중감과 진로성숙도는 시간이 지날수록 선형으로 증가하는 것으로 나타났고, 진로태도성숙의 초기치 뿐만 아니라 성장률에도 영향을 미치는 것으로 나타났다.

요약하면, 자아존중감은 건강(Makikangas, Kinnunen & Feldt, 2004), 정서 자기조절 효능감(Caprara, Alessandri, Barbaranelli & Vecchione, 2013), 진로태도성숙(최수미, 2009)에 긍정적인 영향을 미치는 것으로 나타났다.

진로준비행동

진로준비행동은 자신의 진로와 관련한 실제적이고 구체적인 행동 차원으로서 준비하는 활동을 말하며(이종찬, 2013), 이에 포함되는 예로는 자신 및 직업세계를 이해하기 위한 정보수집 활동, 진로목표 달성 혹은 자기가 목표한 직업에 입직하기 위해 필요한 도구를 갖추는 활동, 설정된 진로목표 달성을 위한 시간과 노력을 투자하는 기타의 활동 등이 있다.

남기연(2010)은 진로준비행동을 자신의 적성과 능력에 맞는 합리적이고 올바른 진로를 결정하기 위해 행하는 구체적인 행위와 그 결정 사항을 실행하기 위해 행하는 구체적인 노력 행위 등을 포함하는 개념으로 보았고, 이종찬(2013)은 진로준비행동을 '진로 및 취업과 관련된 의사결정을 실제적 행동으로 수행하는 능력과 과정'이라 정의하였다. 이를 정리해 보면, 진로준비행동이란 진로결정 및 진로 목표를 이루기 위한 실제적이고 구체적인 행동 수행능력과 과정이라고 할 수 있다.

진로준비행동과 관련된 개념 분류와 구성요인을 정리하면 〈표 8〉과 같고, 진로준비행동과 관련된 개념들 간의 포함관계를 도식화하여 정리하면 [그림 2]와 같다.

표8 진로준비행동 관련 개념 분류 및 구성요인

개념	학자(연도)	구성요인
진로준비행동	김봉환, 김계현(1997)	정보수집 활동, 도구구비 활동, 목표달성 활동
진로탐색행동	Stumpf, Colarelli & Hartman(1983), 최동선(2003)	개인적 신념 인식, 탐색의 과정, 탐색결과에 대한 반응 / 자신에 대한 탐색, 직업에 대한 탐색
직업탐색행동	Jordaan(1963)	개인 가치 탐색, 기술 및 직업선택 평가, 자원봉사활동을 통한 직업 경험, 관심분야 종사자와의 만남
취업준비행동	이제경(2002)	예비적 취업준비행동, 본격적 취업준비행동
구직행동	Blau(1994), Solberg et al.(1994), Blau & Linnehan(1998)	준비적 구직행동, 활동적 구직행동 / 독립적 구직행동, 상호작용적 구직행동

출처 : 이종찬(2013). 대학생의 셀프리더십이 진로준비행동에 미치는 영향 : 진로결정자기효능감과 고용가능성의 매개효과. 중앙대학교 박사학위논문. p.46.

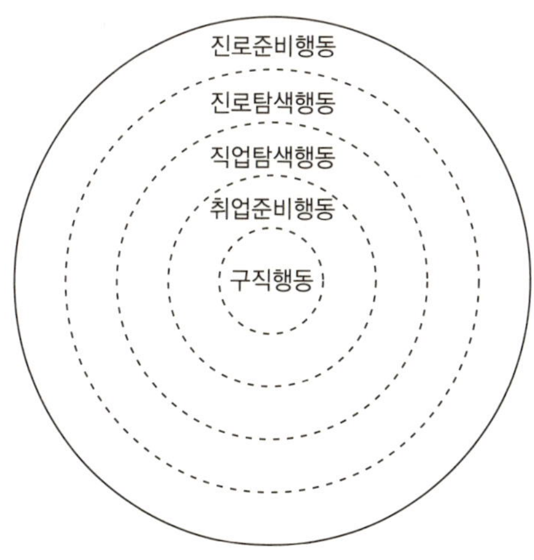

출처 : 이종찬(2013). 대학생의 셀프리더십이 진로준비행동에 미치는 영향 : 진로결정자기효능감과 고용가능성의 매개효과. 중앙대학교 박사학위논문. p.47.

[그림 2] 진로준비행동 관련 개념 모형

합리적이고 올바른 진로를 선택하고 실천하기 위해서 취해야 하는 행동, 혹은 진로결정이 이루어진 이후에 실행하기 위한 행동 등을 포함하는 진로준비행동에 관한 연구는 거의 없는 실정(남기연, 2010)이기는 하나, 청소년들이 자신의 진로를 결정하고 그 목표를 이루기 위하여 실제적이고 구체적인 행동들을 하는데 있어서 셀프리더십은 중요한 변인으로 작용할 것으로 보인다. 왜냐하면 자신의 목표 달성을 위하여 자신에게 스스로 동기를 부여하면서 자신에게 영향력을 미치는 것이 셀프리더십이기 때문에 진로준비행동을 위한 행동지향적 전략, 내적보상을 통한 전략, 건설적인 사고 전략 등을 적절히 활용하면 진로준비행동을 향상시키는데 효과적으로 작용할 것이라 판단되기 때문이다.

◉ 선행연구(연구변인들 간의 관계)

가. 셀프리더십과 성격

셀프리더십 연구자들 중 일부(Neck et al, 1992; Neck et al, 1995)는 성격특성이 셀프리더십 효과에 영향을 미치지 않을 것이라고 암시하였으나, Williams(1997)는 다양한 성격특성이 셀프리더십과 관련이 있다고 하였다. 즉, 셀프리더십에 영향을 미칠 수 있는 주요 변인으로 성격특성을 주장하였는데, 특히 셀프리더십과 Big5 모델 중 외향성, 정서적 안정성, 성실성, 개방성과 자기효능감, 자존감, 통제위치, 셀프-모니터링 사이의 긍정적 관계를 제안하였다. Houghton(2004) 등은 셀프리더십의 세 가지 차원과 Big5 모델의 성격요인이 전혀 다른 개념이며, 정적인 관계를 갖는다고 하였다.

김정자(2010)는 성인들을 대상으로 한 성격특성과 셀프리더십의 관계에 관한 연구에서 구성원의 셀프리더십에 영향을 미치는 내재적 동기부여 요인으로 성격특성에 대해 주목하고, 성격특성이 셀프리더십에 어떠한 영향을 미치는지 연구하였다. 성격변수로서 Big5 모델을 사용하였고, 이 변수가 셀프리더십의 세 가지 하위차원인 행동지향, 자연보상, 건설적 사고에 미치는 영향을 검증하였다. 연구결과, 정서적 안정의 경우, 행동지향에는 유의한 정적 영향을 미치고 있는 것으로 나타났으나, 자연보상과 건설적 사고에는 유의한 영향을 미치지 않는 것으로 나타났다. 이를 제외한 나머지 외향성, 호감성, 성실성, 개방성 성격변수는 셀프리더십의 세 가지 하위차원 모두에 대해 유의한 정적 영향을 미치는 것으로 나타났다. 이는 개인의 성격 특성이 셀프리더십의 효과성에 영향을 미치는 중요한 요인임을 입증한 것이다. 이러한 선행연구들에 의하면, Big5 모델이 아닌 다른 유형의 성격특성도 셀프리더십에 유의한 영향을 미칠 수 있음을 추론할 수 있다.

위에서 제시한 몇 개의 연구결과들은 개인의 성격특성이 셀프리더십의 효과성에 영향을 미치는 요인임을 입증하기는 하였으나, 현재까지 이에 대한 실증연구들은 부족한 실정이다. 셀프리더십이 주로 학습된 행동으로 개념화되었기 때문에 그 실제적 적용방안도 교육과 훈련에 치중되는 양상이었다. 셀프리더십의 건설적 사고전략은 최근 사유적 셀프리더십이라는 통합적인 훈련절차에 적용되어 접목되고 있고, 슈퍼리더십은 모델링, 목표설정, 격려와 지도, 보상과 질책 등을 통해 셀프리더를 육성하고 있다(김정자, 2010). 그러나 앞서 기술한 바와 같이 개인의 성격특성과 같은 개인차를 접목시킨 연구는 매우 부족하다. 본 연구에서는 이 부분에 대한 연구를 진행함으로써 보다 효과적인 셀프리더를 육성하는데 도움을 주고자 한다.

나. 셀프리더십과 자아존중감

셀프리더십의 향상을 위한 교육프로그램 개발의 기초자료로 활용할 수 있는 근거를 제시하고자 박철용(2014)은 일반과 체육계열의 대학생을 대상으로 셀프리더십과 자아존중감의 관계를 살펴보았다. 계열 모두 공통적으로 행동중심적 전략의 자기보상과 자기관찰이 자아존중감에 영향을 미치는 것으로 나타났다. 구체적으로 체육계열 학생은 행동중심적 전략 중 자기목표설정이, 일반계열 학생들은 자기처벌이 자아존중감에 유의한 영향을 미치는 것으로 나타났다. 자연적 보상 전략은 두 계열 모두 긍정적 자아존중감에 영향을 미쳤다. 건설적 사고패턴 전략 중 체육계열 학생들은 성공적 수행 상상하기가, 일반계열 학생들은 신념과 가정이 긍정적 자아존중감에 유의한 영향을 미치는 것으로 나타났다.

이인희, 김민정과 정정희(2013)는 저소득층 아동에게 적용하기 위해 셀프리더십 프로그램을 개발한 후 저소득층 아동의 리더십과 자아존중감에 미치는 효과를 살펴보았다. 그 결과 셀프리더십 프로그램은 저소득층 아동의 리더십 향상 및 자아존중감 향상에 모두 유의하게 효과가 있는 것으로 나타났다. 이는 셀프리더십의 프로그램을 통해 자기 긍정성이 높아지고, 자기억제를 통한 습관 및 목표실천 방법을 알게 됨으로써 자연스럽게 리더십과 자아존중감이 형성되었음을 보여주고 있는 것이다.

요약하면, 셀프리더십 수준이 높을수록 개인의 자아존중감 수준은 높은 것으로 나타났다(박철용, 2014 ; 이인희, 김민정, 정정희, 2013). 즉, 자신에 대해 평가하면서 느끼는 감정적 반응을 나타내는 자아존중감은 셀프리더십 수준이 높을수록 자신에 대한 평가가 긍정적으로 나타날 것이기 때문이다. 이러한 선행연구에 따라 셀프리더십은 자아존중감에 정적인 영향을 미칠 것으로 예측된다.

다. 셀프리더십과 진로준비행동

남기연(2010)은 고등학생을 대상으로 청소년의 셀프리더십이 진로준비행동에 미치는 영향을 연구하였다. 연구결과, 셀프리더십 수준이 높은 집단이 낮은 집단의 청소년에 비해 높은 수준의 진로준비행동을 발휘하는 것으로 나타났고, 셀프리더십이 진로준비행동의 하위영역 중 '목표달성을 위한 노력행동'에 가장 큰 영향을 미치는 것으로 나타났는데, 이는 셀프리더십이 인지적 변화뿐만 아니라 구체적이고 실천적인 행위를 긍정적으로 변화시키는데 효과적으로 작용하고 있음을 나타낸 결과로 해석하였다. 또한, 셀프리더십의 하위영역과 진로준비행동은 정적인 상관관계가 있는 것으로 나타나 셀프리더십을 잘 발휘할수록 진로준비행동이 높아질 것으로 보았다.

대학생의 셀프리더십이 진로준비행동에 미치는 영향을 연구한 이종찬(2013)의 연구에서도 셀프리더십이 진로결정자기효능감, 고용가능성, 진로준비행동에 긍정적인 영향을 미치는 것으로 검증되었다. 이는 셀프리더십 수준이 높은 학생일수록 진로결정자기효능감과 고용가능성을 높게 인지함과 동시에 진로준비행동도 적극적으로 하고 있음을 나타내는 것이고, 셀프리더십의 수준에 따라 대학생의 진로와 취업과 관련된 변인들의 결과가 다르게 나타나 셀프리더십 개발의 중요성을 확인시켜 주는 것이다. 그리고 진로교육 및 취업지원 프로그램 교육훈련 참여경험이 있는 대학생 집단은 셀프리더십에서 진로준비행동으로의 경로가 유효한 반면 교육훈련 참여경험이 없는 집단은 유효하지 않은 것으로 나타나, 셀프리더십이 높더라도 진로준비행동을 활발하게 하지 못하는 학생의 경우는 진로교육 및 취업지원 프로그램 중에 교육훈련 유형(예 취업스터디, 취업동아리, 인턴십 등)에 참여시키면 진로준비행동을 활발히 수행할 수 있을 것으로 보았다.

대학생의 셀프리더십이 진로준비행동에 미치는 영향과 자기효능감의 매개효과를 연구한 송한나(2013)의 연구에서도 셀프리더십이 진로준비행동에 긍정적인 영향을 미치는 것으로 확인되었다.

선행연구 결과, 셀프리더십은 진로준비행동에 직접적으로 긍정적인 영향을 미치는 것으로 나타났다. 즉, 셀프리더십을 개발하면 진로준비행동을 향상시킬 수 있음을 알 수 있다. 이러한 결과들을 바탕으로 진로준비행동 향상에 영향을 미치는 강력한 변인이 셀프리더십일 것이라 추론은 하지만 실제 이에 대한 연구는 극히 미미한 실정이다.

라. 셀프리더십 프로그램 분석

학생들을 대상으로 한 국내 리더십 관련 프로그램 선행연구는 〈표 9〉와 같다.

표 9 학생들을 대상으로 한 국내 리더십 관련 프로그램

연구자	연구주제	연구대상	결과
박경희 (2013)	셀프리더십 훈련 프로그램이 영재학생의 리더십기술, 행복감 및 자기주도학습에 미치는 효과	중학교 영재학급 1학년 학생	셀프리더십 훈련 프로그램은 영재학생의 리더십기술, 행복감 및 자기주도학습을 증진시키는 데 긍정적인 영향을 미친다는 결과를 얻었음.
이상훈 (2012)	리더십코칭프로그램이 대학생 멘토 자원봉사자의 자기효능감 및 리더십생활기술에 미치는 효과	대학생	리더십코칭프로그램이 자기효능감과 리더십생활기술에 대해 통계적으로 유의하였으나, 하위요인에 대한 효과를 분석한 결과에서 의사소통기술, 인간관계기술, 학습능력기술에서는 유의하였고, 의사결정기술, 조직관리기술, 자기이해기술, 그룹활동기술에서는 유의한 차이를 보이지 않았음.

김지원 (2012)	리더십 캠프 프로그램이 청소년의 리더십과 자아 정체감에 미치는 효과	고등학교 1, 2학년 남학생	리더십 캠프 프로그램이 청소년의 리더십과 자아정체감 향상에 긍정적인 효과가 있었으며 그 효과는 지속되는 것으로 나타났음.
류연자 (2012)	리더십 훈련 프로그램이 초등학생의 자기표현 능력 및 사회성 발달에 미치는 효과	초등학교 5학년 학생	리더십 훈련프로그램은 초등학생의 자기표현능력 및 사회성 향상에 긍정적인 영향을 미쳤음.
이현아 (2011)	영재 리더십 프로그램이 과학영재들의 리더십 생활기술과 사회성 숙도에 미치는 영향	과학영재 고등학교 1학년 남학생	영재 리더십 프로그램은 과학영재들의 리더십 생활기술, 사회성숙도를 향상시키는 효과적인 프로그램임을 증명하였음.
김영아 (2011)	셀프리더십 프로그램이 초등학생의 셀프리더십 및 자아개념에 미치는 효과	초등학교 4학년 학생	셀프리더십 프로그램은 초등학교 아동의 셀프리더십과 자아개념 향상에 효과가 있었으며, 하위 요인인 행동전략, 보상전략, 사고전략과 사회적 자아개념, 정의적 자아개념 향상에 효과적인 결과를 얻었음.
구영혜 (2010)	초등학생의 정서지능과 서번트 리더십 향상을 위한 집단상담 프로그램 개발	초등학교 5학년 학생	개발된 프로그램을 통해 초등학생의 정서지능과 서번트 리더십을 향상시킴으로써 학생들이 학교생활 전반에서 긍정적인 모습과 자신감을 가질 수 있도록 활용될 수 있음을 시사함.
양귀순 (2010)	초등학생의 자기리더십 향상을 위한 집단상담 프로그램 개발	초등학교 4학년 학생	초등학생의 자기리더십 향상 집단상담 프로그램에 참여한 실험집단의 자기리더십변화가 자기리더십의 하위요소인 자기강화 영역을 제외하고는 실험집단과 통제집단간의 차이가 유의하게 나타났음.

문영금 (2010)	활동중심 리더십 향상 집단지도 프로그램이 초등학생의 리더십 및 자아효능감에 미치는 영향	초등학교 4학년 학생	활동중심 리더십 향상 집단 지도 프로그램은 초등학생의 리더십 및 자기효능감 향상에 긍정적인 효과가 있음을 밝혔음.
김주희 (2010)	초등학생 크리스천 리더십 프로그램 효과에 관한 연구	초등학교 5, 6학년 학생	크리스천 리더십 프로그램이 팔로워십, 셀프리더십과 서번트 리더십을 증진시키며 긍정적 영향을 미친다는 이론적 근거를 제시함.
도성희 (2010)	자기 리더십향상 프로그램이 고등학생의 자아개념과 사회성에 미치는 영향	고등학교 1학년 학생	자기 리더십향상 프로그램은 고등학생의 자아개념과 사회성을 증진시키는 데 효과가 있음을 밝힘.
박영미 (2010)	리더십 증진 프로그램이 초등학생의 자기효능감과 대인관계에 미치는 효과	초등학교 4학년 학생	리더십 증진 프로그램은 초등학생의 자기효능감과 대인관계를 향상시키는 데 효과가 있으며 대인관계의 하위 영역인 만족감, 의사소통, 신뢰감, 친근감, 민감성, 개방성, 이해성에도 긍정적인 영향을 미치고 있음.
장해숙 (2010)	고등학생 셀프 리더십 프로그램 개발 및 적용 효과	고등학교 1학년 여학생	셀프리더십 프로그램을 통하여 구성요소인 자기관찰, 셀프리더십의 이해, 목표설정, 단서관리, 자기보상, 자기비판, 예행연습, 자기와의 대화, 긍정적인 사고, 상상적 경험 등의 훈련영역이 학습을 통하여 획득될 수 있고, 더불어 청소년들의 셀프리더십과 자아존중감, 학습동기를 증진시키는 데 유용한 자료임을 증명함.

정충기 (2009)	초등 영재학생을 위한 리더십 프로그램 개발	영재학급 5학년 학생	초등영재 리더십 프로그램은 학생들의 자발성과 창의성에 바탕을 두고 있으므로 그들이 가지고 있는 가능성을 충분히 발현하도록 자발적인 분위기를 조성하여 참여자들의 리더십 향상을 목표로 의미 있는 체험으로 안내하였음.
조은숙 (2009)	코칭 기반 리더십 증진 프로그램의 경험이 청소년의 리더십 기술과 자기효능감에 미치는 효과	중학교 간부학생	코칭기반 리더십 증진프로그램은 청소년의 리더십기술 사전·사후 검사 간에 유의한 차이가 있었으나 자기효능감 사전·사후 검사 간에는 통계적으로 유의한 차이를 보이지 않았음.
우성은 (2009)	리더십 향상 프로그램이 초등학생의 사회성과 자기효능감에 미치는 영향	초등학교 6학년 학생	리더십 향상 프로그램은 초등학생의 리더십 생활기술과 사회성 및 자기효능감에 긍정적인 효과가 있었음.
정의숙 (2009)	리더십 증진 프로그램이 초등학생의 리더십 생활기술과 성취동기에 미치는 효과	초등학교 3학년	리더십 증진 프로그램은 초등학생의 리더십 생활기술과 성취동기 향상에 긍정적인 효과가 있었음.
조홍림 (2009)	영재리더십 프로그램이 초등학생 리더십 향상에 미치는 효과	초등학교 영재	한국교육개발원(KEDI) 리더십프로그램의 리더십 요인 중 '비전'과 '자기관리'를 실시하였는데, 초등영재아의 자기관리능력은 향상되었으나 비전에는 별 차이가 없었음.
이무상 (2008)	현실요법을 적용한 중학생의 리더십 생활기술 증진 학급단위 집단상담 프로그램 개발	중학생	현실요법을 적용한 리더십 생활기술 증진 프로그램에 참여한 학생들은 생활기술과 리더십 생활기술의 여러 하위 요인 기술 수준에 있어서 의미 있고 긍정적인 변화를 보였으며, 중학생의 리더십 생활기술을 증진시키는 데 효과적인 프로그램임을 밝힘.

주현경 (2008)	창작무용활동 중심 초등학생 리더십 교육 프로그램 개발 연구	초등학교 3학년 학생	창작 무용과 리더십간의 관계에서 교육효과가 있었음을 검증함. 프로그램 진행함에 있어서 아동의 경우 리더의 역할을 이해한다는 반응이 회기가 지날수록 증가하였고 리더의 역할 뿐만 아니라 협력자의 역할도 중요하다는 인식의 변화가 있음을 밝히고 있음.
윤금순 (2008)	리더십 프로그램이 전문계 여자고등학생의 자아존중감과 진로성숙도에 미치는 효과	여자상업 고등학교 1학년 학생	리더십 프로그램은 학생들의 자아존중감과 진로성숙도 향상에 효과가 없었고 일반적 자아존중감만 향상 시킨 것으로 나타나고 있으나, 소감문 분석결과 긍정적이고 진취적인 자아를 탐색하고 집단의 소중함, 친밀감과 소속감을 형성해 나가는 데 도움이 된 것으로 밝히고 있음.
최은희 (2008)	리더십 향상 집단지도 프로그램이 초등학생의 리더십 생활기술 및 학교생활 적응에 미치는 영향	초등학교 3학년 학생	리더십 향상 집단지도 프로그램은 초등학생의 리더십 생활기술 및 학교생활 적응에 긍정적인 효과가 있었으며, 이 프로그램은 초등학교 현장에서 학생들에게 리더십의 향상과 더불어 행복한 학교생활에 도움을 줄 것이라고 밝히고 있음.
박명숙 (2006)	중학생을 위한 셀프 리더십 프로그램의 개발과 효과	중학교 3학년 학생	셀프리더십 프로그램에 참여한 실험집단의 피험자들이 통제집단의 피험자들보다 리더십 생활기술과 자아존중감 점수가 유의미하게 향상되었고, 프로그램이 끝난 후에도 유의미하게 지속되었음을 밝혔음.
문영미 (2008)	셀프리더십 집단상담 프로그램이 전문계 고등학생의 리더십 및 학교적응에 미치는 영향	전문계 고등학생	연구결과 전문계 고등학생의 리더십 향상에는 영향이 있었으나 학교적응에는 별 차이가 없는 것으로 나타났음.

노혜경 (2007)	인성 중심의 리더십 증진 프로그램이 초등학생의 자아개념과 인간관계에 미치는 효과	초등학교 6학년 학생	인성 중심의 리더십 증진 프로그램이 인간 내면의 변화를 유도하여 성품과 행동을 변화시켰고, 이것은 아동의 자아개념과 인간관계 형성에 효과를 가져 온 것으로 시사하였음.
배수영 (2007)	자기리더십 프로그램이 초등학생의 자아개념에 미치는 영향	초등학교 4학년 학생	자기리더십 프로그램에 참여한 실험집단이 그렇지 않은 비교집단 보다 자아개념에 유의한 차이를 보여 긍정적인 효과가 있었음을 밝힘.
고현덕 (2007)	중학교 영재학생의 Self-Leadership 함양을 위한 프로그램의 효과 분석	과학 영재 중학생	Self-Leadership 프로그램이 영재학생들의 리더십 기술 능력을 보다 높은 수준으로 끌어올릴 수 있었음을 확인하였음.
정성혜 (2006)	초등학교 리더십교육프로그램이 리더십생활기술 증진에 미치는 효과	초등학교 4학년 학생	리더십교육프로그램은 자기이해 영역과 그룹 관리 영역 외에 나머지 영역에서 사전보다 사후가 유의미한 향상을 보였으나 지연검사에서는 학습 능력 기술만 효과가 지속되는 것으로 나타났음.
고은옥 (2006)	자기리더십 프로그램이 초등학생의 진로성숙 및 자아존중감에 미치는 영향	초등학교 4학년 학생	자기리더십 프로그램은 초등학교 4학년의 진로성숙과 자아존중감에 긍정적인 영향을 주며, 자아존중감의 모든 하위요인에서도 긍정적인 영향을 주는 것으로 나타남. 그러나 진로성숙에 더 큰 영향을 주었으며 능력영역 전체에는 유의미한 차이를 보였으나, 능력영역 하위요인 각각에는 유의미한 차이가 없었고, 태도영역의 하위요인인 계획성에 유의미한 차이가 나타나지 않았음을 밝혔음.

곽춘연 (2006)	자기 리더십 프로그램이 초등학교 아동의 사회성 향상에 미치는 효과	초등학교 4학년 학생	자기 리더십 프로그램이 아동의 사회성 향상에 긍정적인 효과가 있었으며 성별의 차이는 없었음을 밝혔음.
김소령 (2006)	셀프리더십 훈련 프로그램이 초등학교 아동의 리더십과 자기효능감에 미치는 효과	초등학교 6학년 학생	셀프리더십 훈련 프로그램은 초등학교 아동의 리더십 하위 요인 중 목표달성능력, 목적의식과 자기효능감에 효과가 있으나 재창조 능력, 통솔력, 인간관계능력에는 효과적이지 못하다는 결론을 얻었음.
정태희 (2005)	셀프리더십교육이 대학생의 셀프리더십과 자존감 증진에 미치는 효과	대학생	리더십 교과목을 수강한 대학생을 실험집단으로 연구한 결과, 통제집단보다 셀프리더십 향상과 자존감에 긍정적인 효과가 있는 것으로 나타났음.
권영웅 (2004)	리더십 증진 프로그램이 초등학생의 리더십 기술 인식과 자기 존중감에 미치는 효과	초등학교 5, 6학년 학생	초등학생 리더십 증진 프로그램에 참여한 실험집단이 전교 어린이회 활동에 참여한 실험집단과 통제집단보다 리더십 생활기술 인식과 자기 존중감에 긍정적인 효과가 있음을 밝혔음.

이상의 연구 결과들을 살펴보면, 셀프리더십 및 리더십 관련 프로그램들은 셀프리더십의 향상 뿐 아니라 행복감, 자기주도학습 증진(박경희, 2013), 자기효능감 향상(문영금, 2010 ; 박영미, 2010 ; 우성은 2009 ; 이상훈, 2012), 자아정체감 향상(김지원, 2012), 자기표현능력 향상(류연자, 2012), 사회성 증진(곽춘연, 2006 ; 도성희, 2010 ; 류연자, 2012 ; 우성은, 2009), 자아개념 향상(김영아, 2011 ; 도성희, 2010 ; 배수영, 2007), 자아존중감 향상(고은옥, 2006 ; 권영웅, 2004 ; 박명숙, 2006; 장해숙, 2010 ; 정태희, 2005), 학습동기 증진(장해숙, 2010), 대인관계 향상(박영미, 2010), 성취동기 향상(정의숙, 2009), 학교생활 적응효과(최은희, 2008), 진로성숙(고은옥, 2006) 등에 긍정적인 영향을 주는 것으로 나타났다.

이는 셀프리더십 프로그램을 통하여 셀프리더십 구성요소인 자기목표설정, 단서관리, 예행연습, 자기관찰, 자기보상, 자기처벌, 내적보상, 건설적 사고 등의 영역이 학습을 통하여 획득될 수 있음을 알 수 있는 것이다. 셀프리더십은 개인이 스스로 자신에게 영향력을 행사하는 방법에 대한 인지적, 행동적 부분을 포괄하는 개념으로 누구나 학습을 통하여 셀프리더십을 개발할 수 있다고 한 Manz(1998)의 의견과 일치하는 부분이다.

그러나 기존의 셀프리더십 프로그램들은 주로 자아존중감, 자기효능감, 자아개념 등에 대해서 연구가 이루어졌고, 진로준비행동과 관련한 연구는 미미한 실정이다. 이에 본 연구는 청소년들의 진로준비행동 향상을 위한 셀프리더십 프로그램 개발에 초점을 맞추고 그 효과를 검증하고자 한다.

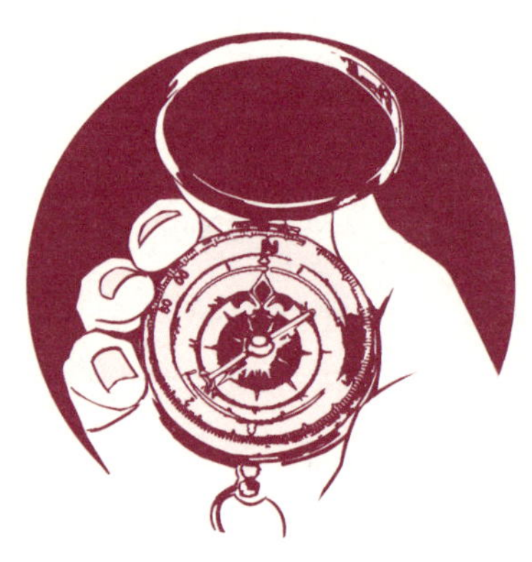

프로그램 개발

🧭 개발 절차 모형

　이숙영(2003)에 의하면, 프로그램 개발이란 '목적에 합당한 계획을 수립하고 그 목적을 달성하기 위한 내용과 활동을 선정하여 구체적이고 체계적으로 조직하고 편성하는 일'이다. 본 연구에서는 진로준비행동 향상을 위한 셀프리더십 프로그램을 집단상담의 형식으로 개발하고자 한다. 집단상담 프로그램 개발은 상담의 목적에 적합한 프로그램을 계획하고 설계하여 그 목적을 달성하기 위한 내용과 활동들을 체계적으로 구성하고 편성해나가는 일련의 전략적인 과정이라 할 수 있다. 이에 본 연구에서는 [그림 3]에 제시된 개발 절차 모형에 따라서 연구를 진행하였다.

프로그램 개발 절차	주요 내용
1단계 : 목적 및 목표 설정	• 셀프리더십 프로그램의 목적 및 목표 수립
2단계 : 기존 프로그램 분석	• 기존 프로그램 분석 • 선행연구를 바탕으로 셀프리더십 프로그램 내용 및 셀프리더십 전략 분석
3단계 : 프로그램 개발 타당성 검토	• 전문가 자문회의를 통한 프로그램 타당성 검토
4단계 : 내용선정 및 구성	• 내용선정 및 구성 • 전문가 점검 및 논의
5단계 : 측정도구 선정	• 프로그램 효과 검증 연구도구 선정
6단계 : 예비 프로그램 구성 및 실시	• 예비 프로그램 구성 및 실시
7단계 : 프로그램 수정 및 보완	• 예비 프로그램 실시 결과를 통한 수정 및 보완 • 본 프로그램 구성
8단계 : 최종 프로그램	• 본 프로그램 완성 및 실시 • 프로그램의 효과 검증 및 평가

[그림 3] 셀프리더십 프로그램 개발 절차 모형

가. 목적 및 목표설정

본 프로그램의 목적은 자기이해를 바탕으로 자신에게 필요한 리더십을 알고 집단상담을 통해 셀프리더십을 향상시키는 것이다. 궁극적으로 자기 인생의 매니저로서 자신의 행복한 삶을 만들어 갈 수 있는 역량을 키우는 것이 본 프로그램의 목적이라고 할 수 있다. 선행연구를 바탕으로 한 본 연구에서의 집단상담 프로그램의 목적은 다음과 같다.

첫째, 청소년을 위한 셀프리더십 프로그램을 개발한다.
둘째, 셀프리더십, 자아존중감, 진로준비행동을 향상시킨다.

이러한 목적을 이루기 위한 프로그램의 구체적인 목표는 다음과 같다.
첫째, 자기이해를 바탕으로 한 셀프리더십의 필요성을 인식시킨다.
둘째, 셀프리더십의 전략 및 구성요소를 통하여 셀프리더십을 향상시킨다.
셋째, 집단상담을 통하여 타인에 대한 존중과 자신에 대한 긍정적 평가로 자아존중감을 향상시킨다.
넷째, 자신의 적성과 능력에 맞는 합리적이고 올바른 진로결정 및 결정사항 실행을 위한 노력 등의 진로준비행동을 향상시킨다.

나. 기존 프로그램 분석

학생 대상 셀프리더십 관련 프로그램의 주제 및 내용을 살펴보면 아래와 같다.

표 10 고등학생 셀프리더십 프로그램 개발 및 적용효과

회기	주제 또는 구인	내용
1	저를 소개합니다!	• 마음나누기/ 프로그램 소개하기 • 서약서 작성하기 • 별칭 짓고 자기소개 • 친밀감 형성/ 사전심리검사
2	셀프리더십을 찾아 떠나는 여행	• 마음나누기/ 셀프리더십의 의미 • 자신의 셀프리더십 스타일

3	이 세상에 하나뿐인 나	• 마음나누기/ 강점검사 • 자기 및 타인 탐색 • 바른 습관 찾기 • 바람직하지 않은 행동의 횟수 감소
4	나는 어디쯤 있을까?	• 마음나누기/ 목표설정 • 우선순위 정하기 • 목표성공 경험 이야기
5	그래 한 번 바꿔 보는 거야!	• 마음나누기/ 기억 살리기 • 관심 집중하기/ 부정적 힌트 제거 • 학습동기 탐색
6	넌 충분히 잘 했어! 짝짝	• 마음나누기/ 내 인생의 표창장 • 나에게 주는 선물 • 칭찬카드 작성
7	내게 부족한건 뭐?	• 마음나누기/ 자기행동 관찰, 반성 • 효과적인 자기 벌칙
8	실수 OK, 조금 더 나다운 나를 위해	• 마음나누기 • 역기능적, 부정적인 신념을 합리적 신념으로 수정하기
9	칭찬은 고래도 춤추게 한다!	• 마음나누기 • 자기 충족적 예언 탐색 및 실천 • 경청기법/ 칭찬기법 익히기
10	즐거운 인생 긍정돌이가 되어	• 마음나누기/ 신념의 조정 • 주도적 학습능력 함양
11	내 인생 길 찾기	• 마음나누기/ 비전맵 작성하기 • 사명서 작성하기
12	셀프리더십 향상을 위한 다짐	• 마음나누기/ 사탕바구니 돌리기 • 소감나누기/ 사후검사

출처 : 장해숙, 이윤주(2010). 고등학생 셀프리더십 프로그램 개발 및 적용효과. 상담학 연구, 3, 1053−1073. p.1061.

표 11 중학생을 위한 셀프리더십 프로그램의 개발과 효과

회기	주제 또는 구인	내용
1	프로그램 소개 및 자기소개	• 프로그램의 목적과 규칙 이해하기 • 자기 소개하기 • 서약서 작성
2	신뢰감 활동	• 책임감 및 신뢰감 형성을 위한 신체 활동
3	셀프 리더십이해	• 셀프 리더십에 대한 오해 바로잡기 • 셀프 리더십 인지 전략 측정 • 자신에게 필요한 셀프 리더십 전략 알기
4	비주체적 행동 찾기	• 비주체적인 행동 찾기 • 자신의 행동 관찰 및 기록
5	다양한 감정알기	• 감정통장 만들기 • 상황에 따른 감정 알아차리기
6	올바른 의사소통	• 올바른 의사소통 기술 익히기 • 의사소통 기술 연습하기
7	목표설정과 우선순위 선정	• 목표 설정하기 • 우선순위 정하기
8	시간 계획과 자기 통제	• 시간 계획 세우기 • 자기 통제 연습하기
9	갈등상황에서의 문제해결	• 갈등상황에서 문제해결 방법 알기
10	셀프 리더십 향상을 위한 다짐	• 내 삶의 주인공 되기 • 자신의 미래 생각하여 상장 만들기 • 경험 보고서 쓰기

출처 : 박명숙, 천성문(2007). 중학생을 위한 셀프리더십 프로그램의 개발과 효과. 동서양심리치료, 1, 49-64. p.52.

회기	주제 또는 구인	내용
1	개념, 진단, 전략	• 셀프리더십의 의미 • 위대한 지도자 • 셀프리더십 개발 전략 • 개인의 리더십 잠재력
2	자기 관찰	• 행동의 원인, 이유 탐색 • 바람직하지 않은 행동의 횟수 감소
3	자기와의 대화	• 자기 충족적 예언 탐색 및 실천
4	신념의 조정 정신 연습	• 전략 실행 방법 • 내면화 할 수 있는 방법
5	자기 관찰 목표 설정	• 2회의 결과 보고 • 장기, 단기 목표의 의미 • 위인 예화 읽고, 목표와 실천계획 이해
6	자기 보상	• 보상의 의미 • 외부 보상과 내재적 보상 • 내재적 유발하는 방법 탐색 • 3회 목표와 관련
7	단기 목표 설정	• 단기 목표 설정 및 실천 계획 수립
8	단기 목표 실천	• 4회 결과 보고 • 보상 실천
9	단서관리	• 긍정적인 주변환경 조성 • 기억촉진제, 관심집중제, 부정적 힌트 제거, 긍정적 힌트 늘리기 전략 탐색 및 실천 계획 수립
10	단기 목표 설정 단서관리	• 7회 결과 보고 • 7회의 결과와 관련 지어 단기 목표 설정 및 실천

11	자기 벌칙 자기 관찰	• 효과적인 자기 벌칙 • 자기 행동 관찰, 반성
12	동료 관찰	• 동료의 목표 수행 관찰 계획
13	단기 목표 실천	• 10회 결과 보고 및 반성
14	단기 목적 설정 자기 보상 자기 벌칙	• 단기 목표 및 실천 계획 수립 • 보상계획 수립 • 자기 벌칙 계획 수립 • 동료 관찰 계획 수립
15	자기와의 대화 신념의 조정 정신 연습	• 3회기의 자기 충족적인 예언의 실천 여부 검토 • 사고 전략의 내면화 검토 • 설정했던 목표와 실천 내용 검토 및 반성
16	장·단기 목표 실천	• 14회 결과 보고 및 반성

출처 : 김소령(2006). 셀프리더십 훈련 프로그램이 초등학교 아동의 리더십과 자기효능감에 미치는 효과. 한국교원대학교 석사학위 논문.

표13 셀프리더십 프로그램이 저소득층 아동의 리더십과 자아존중감 증진에 미치는 효과

회기	주제 또는 구인	내용
1	셀프리더십 의미 및 자기소개하기	• 셀프리더십의 의미를 알게 한다. • 자신 소개 시간을 통해 친밀감과 신뢰감을 높인다.
2	긍정적 습관을 가지는 방법 알기	• 놀이를 통해 긍정적인 습관을 알게 한다. • 나쁜 습관을 버리고 좋은 습관을 만든다.
3	자기긍정을 통한 자아개념 바꾸기	• 긍정문 반복을 통해 자아개념을 긍정적으로 바꾼다. • 긍정적 사고를 통해 열정을 가지게 한다.

4	선택과 책임	• 선택이 중요한 것임을 알게 한다. • 자신의 선택에 책임지는 모습을 가지게 한다.
5	비전 선언문 작성하기	• 나의 비전을 발견한다. • 비전을 이룰 실천 계획을 세운다.
6	우선순위의 삶과 미션 세우기	• 먼저 할 우선순위의 일을 알고 기록한다. • 내가 버려야 할 것을 버리고 미션을 세운다.
7	목표 설정하기	• 비전에 기초하여 1년 목표를 세운다. • 자기계발(지적), 신체(운동), 사회적(봉사)
8	시간관리 하기	• 주간단위로 시간계획 세우는 방법을 알고 계획한다. • 주간단위로 시간계획을 실천한다.
9	올바른 공부습관	• 올바른 공부습관을 위해 해야 할 일을 계획한다. • 올바른 공부습관을 위해 해야 할 일을 실천한다.
10	개관, 핵심내용 파악하기	• 책 내용의 개관을 찾아 정리하는 방법을 안다. • 책 내용의 핵심을 찾아 문제 내는 방법을 안다.
11	내용 정리 및 응용	• 핵심정리 한 부분을 간단히 암기하는 방법을 안다. • 중요한 부분에 대해 문제 내는 방법을 안다.
12	경청 공감하기	• 친구의 말에 주의를 기울여 듣는 기술을 익힌다. • 경청과 공감을 통해 상대를 이해하고 수용한다.

13	나 전달하기	• 나 전달법으로 자신의 감정을 건전하게 전달하는 방법을 안다. • 나 전달법을 실천한다.
14	갈등상황 해결하기	• 나와 상대의 문제를 확인한다. • 갈등의 해결안을 제시, 검토하고 해결안을 결정한다.
15	장점 찾아 칭찬하기	• 친구의 장점을 찾아 칭찬한다. • 나의 장점을 찾아 스스로 칭찬한다. • 칭찬을 하면서 적극적으로 반응한다.
16	발표회를 통한 리더 선언하기	• 배운 내용을 정리하고 발표한다. • 리더가 되었음을 선언한다.

출처 : 이인희, 김민정, 정정희(2013). 셀프리더십 프로그램이 저소득층 아동의 리더십과 자아존중감 증진에 미치는 효과. 어린이문학교육연구, 4, 773-795

위의 각 프로그램의 셀프리더십 전략을 비교하면 다음의 〈표 14〉와 같다.

표 14 각 프로그램의 셀프리더십 전략 비교

	주제 또는 구인	표 10	표 11	표 12	표 13
행동지향적	자기목표설정	O	O	O	O
	단서관리	O	×	O	×
	예행연습	O	×	×	O
	자기관찰	O	×	O	×
	자기보상	O	O	O	O
	자기처벌	O	×	O	×
내적보상	과업의 자기재설계	×	×	×	×
	작업환경 여건의 재설계	×	×	×	×
건설적 사고	건설적인 사고패턴의 확립	O	×	O	×

앞서 제시한 기존 프로그램을 셀프리더십 전략을 중심으로 살펴본 결과, 공통적으로 자기목표설정과 자기보상 전략이 사용되었으나, 내적보상을 전략으로 사용한 연구는 미흡하다. 박명숙, 천성문(2007)의 연구에는 자기이해, 자기표현, 문제해결 전략을 프로그램에 추가 적용하였고, 이인희, 김민정, 정정희(2013)의 연구에는 자기긍정, 자기억제, 문제해결, 감성교류 전략을 추가 적용하였으며, 다른 프로그램과는 다르게 학습전략이 포함되어 있다. 김소령(2006)의 연구에서는 보상전략을 포함하였으나, 자기보상 위주의 내용이었고, 내재적 보상에 대한 내용이 포함되지는 않았다.

셀프리더십은 자신의 가치 있는 삶의 목표를 세워 이를 행동으로 실천하는 것이 중요하며 습관화시키려는 개인의 노력이 필요하다. 따라서 프로그램 활동내용은 자기동기부여를 바탕으로 이를 습관화하기 위한 전략들이 포함되어야 한다. 본 연구에서 개발하고자 하는 프로그램에서는 셀프리더십의 행동적, 인지적 측면의 전략과 내적보상 관련 전략을 모두 사용하여 습관화를 유지하는데 도움을 주고자 한다.

다. 프로그램 개발 타당성 검토

10회의 전문가 회의를 거쳐 본 프로그램의 목적과 목표에 적합하게 내용을 구성하였고, 프로그램 내용 타당도 검증 설문지를 작성하여 또 다른 3명의 전문가 평가를 받아 내용타당도 평정법에 의하여 평정하였다. 평가에 참여한 전문가는 서울 소재 4년제 대학 교육학과 정교수 1인, 진로 관련 중등교과서 집필경력이 있는 충남 소재 4년제 대학 학생상담센터 센터장 1인, 경기소재 고등학교 교사(교직경력 15년 이상, 리더십 강의경력 5년 이상) 1인이다. 5점 Likert 척도에 따라 평정하도록 하였고, 5점은 '매우 적합함', 1점은 '매우 부적합함'을 의미한다. Haxbelton과 그 동료들이 실용화 한(Guilford & Fruchter, 1981) 내용타당도 평정법에 의해 산출된 내용타당도 지수(content validity index: CVI)는 1이다. 즉, 3명의 전문가 모두 회기별로 4, 5점에 점수를 부여했고, 4점과 5점에 평정한 점수의 합이 82점이며, 1~5점까지 평정한 점수의 총합도 82점이므로 내용타당도는 82/82=1이었다. 내용타당도 지수에 의하면 본 프로그램은 프로그램의 목적과 목표에 매우 적합하다고 할 수 있다. 전문가 자문의 구성을 살펴보면 〈표 15〉와 같다.

표 15	전문가 3인의 내용타당도 검증		
전문가	A	B	C
소속 및 자격	4년제 대학 교육학과 정교수	대학 학생상담센터 센터장	고등학교 교사 (리더십 전문가)
점수	29	24	29
합계(CVI)	82(1)		

프로그램 구성과 내용 관련하여 전반적인 전문가들의 의견은 다음과 같다. 첫째, 프로그램 구성이 학생들의 관심과 적극적 참여를 유도하기에 적합하다. 둘째, 회기별 90분은 학생들에게 긴 시간이라 수업시간에 준해서 회기 진행시간을 변경하는 것이 좋을 것 같다. 셋째, 행동수정일지 평가부분의 'O, △, ×' 형식의 자가평가보다는 성취수준을 %로 기록하게 하거나 혹은 스스로 평점을 주도록 하는 것이 효과적일 듯하다. 넷째, 나침반을 활용해서 프로그램을 진행하는 방식은 진로지도 부분에서 사용되지 않았던 방식이다. 기존에 알고 있는 나침반을 프로그램에 활동으로 투입하는 것이 학생들의 흥미유발 측면에서 유용할 것 같고, 목표를 향한 방향 제시라는 의미상의 측면에서도 좋은 활동 도구로 작용할 것 같다. 전체적으로 살펴보면, 자신을 알고 목표를 세우고 연습하고 다지고 스스로를 이끌면서 완성하는 셀프리더십으로 진로선택의 과정에 있는 학생들의 진로준비행동을 향상시킬 수 있는 손에 잡히는 프로그램이어서 기대가 크다.

이상의 전문가들 의견 중 회기별 시간과 행동수정일지 평가 관련하여서는 본 프로그램에 반영하였다.

라. 내용 선정 및 구성

프로그램을 타당하게 구현하기 위하여 프로그램의 위계체계를 한 눈에 볼 수 있도록 모형을 개발하였다. 모형은 본 연구의 주제인 '진로준비행동 향상을 위한 셀프리더십 프로그램 개발'에 맞는 5개의 핵심용어 앞 글자를 따서 5D(Dream, Discovery, Development, Decision, Do)라

명명하였다. 첫 번째 D는 Dream 꿈, 두 번째 D는 꿈과 이를 실현할 수 있는 방법들을 탐색하고 발견하는 Discovery, 세 번째 D는 꿈을 실현하기 위해 자신을 개발하는 Development, 네 번째 D는 꿈을 실현하기 위해 실천을 다지는 각오와 결심·결정 Decision, 마지막 D는 행동으로 실천하라는 의미의 Do이다. 5D를 바탕으로 한 모형은 [그림 4]와 같다.

　내용 선정 및 구성은 셀프리더십 전략을 바탕으로 셀프리더십 향상과 진로준비행동 향상에 도움이 되는 활동으로 선정하여 구성하였으며, 각 단계의 목적과 목표에 가장 효과적으로 도달할 수 있도록 고안하였다. 셀프리더십 전략을 바탕으로 한 프로그램의 각 회기별 목표와 활동 내용은 〈표 16〉과 같고, 프로그램을 통해서 강화시킬 핵심역량은 〈표 17〉에 제시하였다.

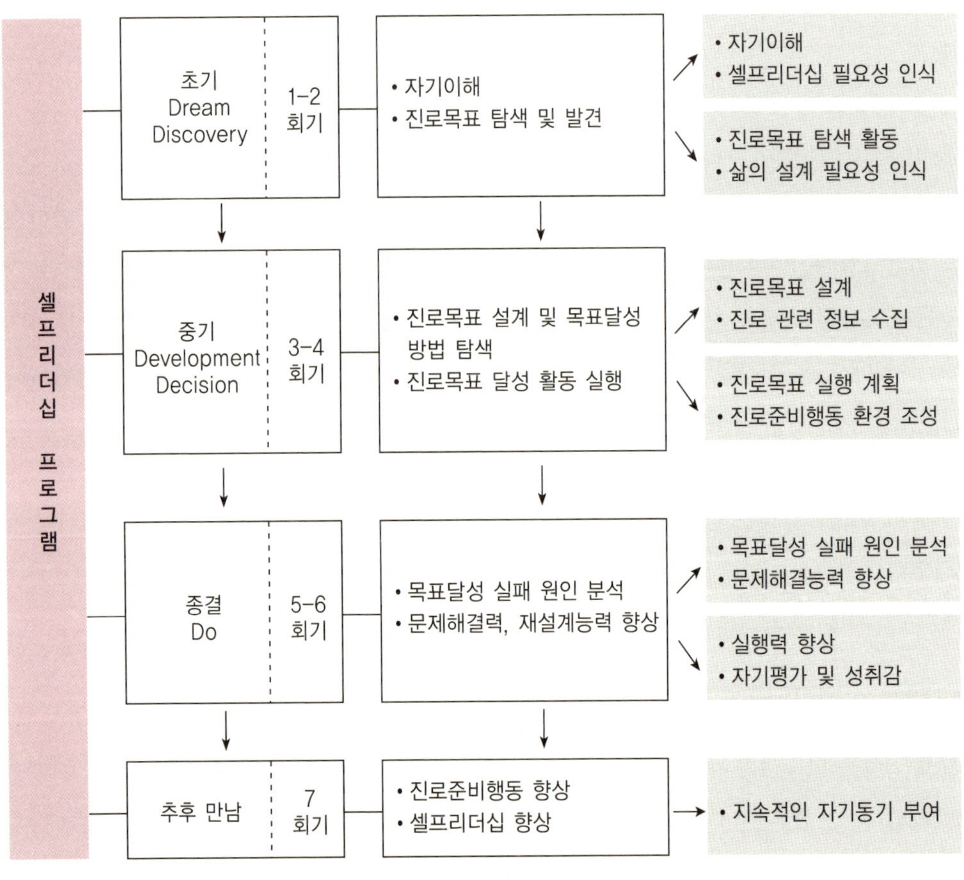

[그림 4] 셀프리더십 프로그램 모형

단계	회기	제목(주제)	목표	활동내용	관련 영역
초기	1	나의 나침반과 지도	• 프로그램 목적 이해하기 • 자기 성격특성 이해하기	• 프로그램 소개 • 성격검사 결과 이해하기 • 성격, 진로 영향 나침반 지도 그리기	자기관찰
초기	2	나의 N극과 S극	• 목표에 대한 갈등상황 분석하기 • 바람직한 삶의 설계 필요성 인식하기	• 행복감과 불편감 두 상황 탐색하기 • 생각과 현실: +/− • 높은 의자 & 쓰러진 의자	건설적인 사고패턴 확립
중기	3	다시 그리는 내 꿈의 지도	• 진로목표 설정/설계하기 • 진로 관련 정보수집하기	• 내 꿈의 지도 만들기 • 진로목표 달성을 위한 정보 탐색하고 수집하기	자기목표 설정/ 예행연습 /과제환경 여건의 재설계
중기	4	내 나침반에 맞춰서	• 목표달성 활동 실행하기 • 자신의 성격 강점을 활용한 진로준비행동 환경 조성하기	• 진로목표달성 활동 실행하기 • 행동수정일지 작성하기 • 유혹과 갈등의 순간	예행연습/ 단서관리/ 과제환경 여건의 재설계
종결	5	목표를 향하여 −궤도 수정	• 목표 실패 원인 분석하기 • 성공을 높이기 위한 방법 구상 및 적용하기 • 실패와 성공 사이에서 경험하는 감정 수용하기 • 문제해결능력과 재설계 능력 키우기	• 지도 비교하기 • 30년 후 • 재설계−궤도를 수정하라!	자기보상/ 자기처벌/ 내적보상/ 과제의 자기 재설계
종결	6	나의 꿈, 나의 미래!	• 성취 보람 느끼기 • 지속적인 행동을 위한 자기동기 부여하기	• 걸어온 길, 걸어갈 길 −꿈의 길 • 30년 후 성공담	건설적 사고패턴 확립/ 내적보상
추후		얼만큼 왔니?	• 자존감, 진로준비행동, 셀프리더십 향상 및 유지 정도 확인하기 • 지속적 유지	• 프로그램 시행 전, 후의 자기 모습 평가	

단계	회기	제목(주제)	목표	셀프리더십 전략	핵심역량[1]
초기	1	나의 나침반과 지도	• 프로그램 목적 이해하기 • 자기 성격특성 이해하기	자기관찰	
	2	나의 N극과 S극	• 목표에 대한 갈등상황 분석하기 • 바람직한 삶의 설계 필요성 인식하기	건설적인 사고 패턴 확립	자기경영 역량 갈등조정 능력 창의력 상상력
중기	3	다시 그리는 내 꿈의 지도	• 진로목표 설정/설계하기 • 진로 관련 정보수집하기	자기목표 설정/ 예행연습 /과제환경 여건의 재설계	자기경영 역량 주도적 선제력 정보변환능력 기획능력 구현 및 표상능력 매체역량
	4	내 나침반에 맞춰서	• 목표달성 활동 실행하기 • 자신의 성격 강점을 활용한 진로준비행동 환경 조성하기	예행연습/ 단서관리/ 과제환경 여건의 재설계	자기경영 역량 정보변환능력 구현 및 표상능력
종결	5	목표를 향하여 – 궤도 수정	• 목표 실패 원인 분석하기 • 성공을 높이기 위한 방법 구상 및 적용하기 • 실패와 성공 사이에서 경험하는 감정 수용하기 • 문제해결능력과 재설계능력 키우기	자기보상/ 자기처벌/ 내적보상/ 과제의 자기재설계	자기경영 역량 책임감 반성(반추)적 능력 문제해결기량 수용력/표현력 심미적 성찰
	6	나의 꿈, 나의 미래!	• 성취 보람 느끼기 • 지속적인 행동을 위한 자기동기 부여하기	건설적 사고패턴 확립/내적보상	자기경영 역량 인내력/자제력
추후		얼만큼 왔니?	• 자존감, 진로준비행동, 셀프리더십 향상 및 유지 정도 확인하기 • 지속적 유지		

---

1) OECD-DeSeCo project(Defining and Selecting Key Competencies, 2005년)에서 제안한 literacy모델 참고: 미래사회에 필수적으로 갖추어야 할 핵심역량 규명

마. 측정도구 선정

본 연구에서 개발한 프로그램의 효과를 검증하기 위하여 선행연구를 바탕으로 평가도구를 선정하였다. 성격유형에 대한 검사는 한국유전자지문적성연구소 ㈜적성과미래의 전문상담사에 의해 진행되었고, 셀프리더십 측정은 Houghton과 Neck(2002)이 개발한 RSLQ(Revised Self-leadership Questionnaire)를 신용국, 김명소, 한영석(2009)이 국내 대학생을 대상으로 타당화한 척도를 사용하였다. 자아존중감 척도는 Rosenberg(1965)의 Self-Esteem Scale를 최미례(2000)가 번안한 척도를 사용하였고, 진로준비행동 측정도구는 김봉환(1997)이 개발한 진로준비행동검사를 이종찬(2013)이 통계분석을 위해서 Likert 5점 척도로 구성한 도구를 사용하였다. 더불어 프로그램이 끝난 후 프로그램의 내용, 진행방법, 프로그램 효과 등에 대한 만족도 설문지를 제작하여 조사하였다.

바. 예비 프로그램 구성 및 실시

셀프리더십 프로그램의 효과성 여부와 진행상의 문제점을 파악하기 위하여 예비 실험을 실시하였다. 예비 실험은 서울 소재 일반 고등학교 2, 3학년 학생들을 대상으로 통제집단 15명, 실험집단 15명으로 나누어 진행하였다. 기간은 2014년 10월 18일과 10월 25일 토요일 2일이었고, 90분씩 총 6회기로 구성된 프로그램을 18일(토)에 3회기(1~3회기), 25일(토)에 3회기(4~6회기)로 나누어 집중적으로 실시하였다. 예비 프로그램 회기별 목표와 활동내용은 〈표 18〉과 같다.

특이사항은 예비 프로그램에 참여하는 학생들은 모두 교내봉사 처분을 받고 의무 이행을 하지 않은 학생들이었고, 학교의 진로담당 교사로부터 토요일 프로그램을 이수하면 교내봉사를 완료한 것으로 인정을 받는다는 조건을 제시받은 비자발적 참여자들이었다. 실험집단과 통제집단 구성은 무작위 선정되었고, 실험집단에서 프로그램을 진행하는 동안 통제집단 학생들은 10월 18일(토) 서울시, 「2014년 서울 나눔천사 · 청소년 축제」 서울광장에 다녀왔고, 10월 25일(토)에는 예비 프로그램을 실시하고 있는 서울시립○○청소년수련관에 나와 봉사활동을 하였다.

표 18 **셀프리더십 예비 프로그램**

단계	회기	제목(주제)	목표	활동내용	관련 영역
초기	1	나의 나침반과 지도	• 프로그램 목적 이해하기 • 자기 성격특성 이해하기	• 프로그램 소개 • 성격검사 결과 이해하기 • 성격, 진로 영향 나침반 지도 그리기	자기관찰
	2	나의 N극과 S극	• 목표에 대한 갈등상황 분석하기 • 바람직한 삶의 설계 필요성 인식하기	• 행복감과 불편감 두 상황 탐색하기 • 생각과 현실: +/− • 높은 의자 & 쓰러진 의자	건설적인 사고패턴 확립
중기	3	다시 그리는 내 꿈의 지도	• 진로목표 설정/설계하기 • 진로 관련 정보수집하기	• 내 꿈의 지도 만들기 • 진로목표 달성을 위한 정보 탐색하고 수집하기	자기목표 설정/ 예행연습 /과제환경 여건의 재설계
	4	내 나침반에 맞춰서	• 목표달성 활동 실행하기 • 자신의 성격 강점을 활용한 진로준비행동 환경 조성하기	• 진로목표달성 활동 실행하기 • 행동수정일지 작성하기 • 유혹과 갈등의 순간	예행연습/ 단서관리 과제환경 여건의 재설계
종결	5	목표를 향하여 −궤도 수정	• 목표 실패 원인 분석하기 • 성공을 높이기 위한 방법 구상 및 적용하기 • 실패와 성공 사이에서 경험하는 감정 수용하기 • 문제해결능력과 재설계 능력 키우기	• 지도 비교하기 • 30년 후 • 재설계−궤도를 수정하라!	자기보상/ 자기처벌/ 내적보상/ 과제의 자기 재설계
	6	나의 꿈, 나의 미래!	• 성취 보람 느끼기 • 지속적인 행동을 위한 자기동기 부여하기	• 걸어온 길, 걸어갈 길 −꿈의 길 • 30년 후 성공담	건설적 사고패턴 확립/ 내적보상
추후		얼만큼 왔니?	• 자존감, 진로준비행동, 셀프리더십 향상 및 유지 정도 확인하기 • 지속적 유지	• 프로그램 시행 전, 후의 자기 모습 평가	

사. 프로그램 수정 및 보완

최종 프로그램 개발에 반영하기 위하여 예비 프로그램 실시 결과를 평가한 후, 그에 따라 프로그램을 수정하고 보완하여 프로그램의 완성도를 높였다.

먼저, 예비실험 연구에서 실험집단과 통제집단의 사전 동질성을 검사하기 위해 독립표본 $t-$검증을 실시하였다. 그 결과 두 집단의 평균점수 차이가 유의하지 않아 두 집단은 동질적 집단으로 볼 수 있었으나, 전체 표본 수가 작은 것을 고려하여 비모수적 검정을 다시 실시하였다. 예비실험 참가 학생들 중 사전, 사후검사를 모두 수행한 학생들을 대상으로 분석을 하였다. 앞서 기술한 바와 같이 이 학생들은 모두 교내봉사 처분을 받고 의무 이행을 하지 않은 학생들이었고, 학교의 진로담당 교사로부터 토요일 프로그램을 이수하면 교내봉사를 완료한 것으로 인정을 받는다는 조건을 제시받은 비자발적 참여자들이었다. 실험집단 학생은 15명이었으나, 두 번의 토요일 프로그램에 끝까지 참여한 학생은 8명이었고, 통제집단 학생 15명중 사전, 사후검사에 참여한 학생은 9명이었다. 이에 17명의 자료를 분석에 사용했으며, 표본의 크기가 작아 비모수적 검정을 실시하였다. 가장 많이 사용하는 독립 2-표본 비모수 검정은 Mann-Whitney U Test로 두 개의 표본이 동일한 확률분포를 갖는 모집단들로부터 추출되었는지의 여부를 검정한다.

(1) 예비 프로그램 연구 대상자

표 19 예비 프로그램 연구 대상자

성별			학년		전체
			2학년	3학년	
남	집단	실험집단	2	5	7
		통제집단	1	6	7
여	집단	실험집단	1	0	1
		통제집단	0	2	2
전체	집단	실험집단	3	5	8
		통제집단	1	8	9
	전체		4	13	17

⑵ 예비 프로그램 사전·사후검사 결과

예비 프로그램 실시를 통해 얻어진 사전·사후 셀프리더십, 자아존중감, 진로준비행동 검사에서의 변화가 통계적으로 효과가 있는지 확인하기 위하여 프로그램 시작 전 실험집단 및 통제집단 학생들로 하여금 사전검사를 실시하였고, 프로그램이 끝난 후 다시 같은 검사를 실시하여 분석을 하였다. 그 결과는 〈표 20〉과 같다.

표 20 예비 프로그램 사전검사에 대한 Mann–Whitney U 검정 (N=17)

Variables	집단	N	평균순위	순위합	U	p
셀프리더십	실험	8	10	80	28.00	.481
	통제	9	8.11	73		
자아존중감	실험	8	8.13	65	29.00	.541
	통제	9	9.78	88		
진로준비행동	실험	8	9.13	73	35.00	.963
	통제	9	8.89	80		

사전검사에 대한 Mann–Whitney U 검정 결과를 살펴보면, 유의수준 5%에서 모두 대립가설을 받아들일 수 없다. 셀프리더십, 자아존중감, 진로준비행동에 대한 사전검사에서는 실험집단과 통제집단 간 유의한 차이를 보이지 않았다. 따라서 실험집단과 통제집단의 셀프리더십, 자아존중감, 진로준비행동 수준은 다르지 않다고 할 수 있다.

표 21 예비 프로그램 사후검사에 대한 Mann–Whitney U 검정 (N=17)

Variables	집단	N	평균순위	순위합	U	p
셀프리더십	실험	8	12.13	97	11.00	.015*
	통제	9	6.22	56		
자아존중감	실험	8	9.56	76.50	31.50	.673
	통제	9	8.50	76.50		
진로준비행동	실험	8	10.81	86.50	21.50	.167
	통제	9	7.39	66.50		

*$p<.05$

사후검사에 대한 Mann-Whitney U 검정 결과에서는 셀프리더십에 대해서만 통계적으로 유의한 차이가 있었다($U=11.0$, $p=.015$). $\alpha=0.05$로 하였을 때 $p<.05$이기 때문에 귀무가설을 기각하여 프로그램에 참여한 실험집단이 통제집단보다 셀프리더십 점수가 높다고 할 수 있다. 그러나 자아존중감과 진로준비행동에서는 집단 간 유의한 차이를 보이지 않았다.

예비실험에서는 몇 가지 고려해야 할 점이 있다. 첫째, 예비실험 참가자들에 대한 부분이다. 예비실험에 참가했던 학생들은 학교에서 받을 수 있는 벌점의 최대치를 기록하여 더 이상 벌점을 받으면 안되는 고등학교 2, 3학년 학생들로서 '진로' 관련하여 계획이 없는 학생들이 대부분이었다. 또한, 1~2명의 학생을 제외하고는 모두 지각을 하거나 오자마자 잠을 자는 등 프로그램에 참여하는 자세가 양호하지는 않았다. 둘째, 진로준비행동 검사문항 16문항 중 앞으로 해야 할 것을 묻는 5문항을 제외하면 모두 '지난 몇 주 동안 혹은 지난 몇 개월 동안'의 경험을 묻는 문항으로 구성되어 있어 한 주 간격으로 두 번 시행되었던 프로그램으로서는 사후검사 시기에 있어서 문제점이 있다고 할 수 있다. 셋째, 실험집단에서 두 번의 토요 프로그램 진행과정에서 학교에서의 시간 안내 착오로 인하여 각 회기별 단축 운영되는 상황이 발생하였다. 넷째, 그럼에도 불구하고 각 변인들에 있어서 실험집단 사후검사 평균에서의 상승효과가 있었음을 고려한다면 본 프로그램 시행에서는 더 좋은 결과가 있을 것임을 추측할 수 있겠다.

(3) 예비 프로그램이 셀프리더십, 자아존중감, 진로준비행동 향상에 미치는 효과

예비 프로그램의 효과를 검증하기 위하여 실험집단과 통제집단 각각의 사전, 사후검사 평균과 표준편차를 산출하고 비모수검정인 Wilcoxon 부호순위 검정을 실시하였다. 결과는 〈표 22〉와 같다.

표 22 예비 프로그램 사전-사후 변화량에 대한 Wilcoxon 부호순위 검정 (N=17)

Variables	집단	N	사전검사		사후검사		Z	p
			평균	표준편차	평균	표준편차		
셀프리더십	실험	8	3.11	0.62	3.52	0.45	−1.40	.161
	통제	9	3.04	0.72	2.81	0.53	−2.10	.035*
자아존중감	실험	8	2.73	0.62	2.91	0.36	−0.81	.416
	통제	9	3.03	0.46	2.82	0.38	−1.61	.106
진로준비행동	실험	8	2.89	0.74	3.30	0.53	−1.69	.091
	통제	9	3.08	0.84	2.78	0.70	−1.13	.260

*$p<.05$

예비 프로그램이 각 변인의 사후점수에 효과가 있었는지를 살펴보면, 실험집단에서는 셀프리더십, 자아존중감, 진로준비행동 각각 사후점수에서 평균점수가 향상되었지만 통계적으로 유의하지 않았다. 이는 위에서 서술한 바와 같이 예비 프로그램 운영에 있어서의 여러 제한점이 있었기 때문이라 여겨진다. 다만, 프로그램을 실시하지 않은 통제집단에서의 사전, 사후를 비교해 보면 사후에 모두 평균점수가 낮아졌음을 알 수 있고, 셀프리더십에서는 $Z=-2.10$, $p<.05$에서 통계적으로 유의한 차이가 나타났다. 즉, 프로그램 비실시집단에서 셀프리더십 수준이 통계적으로 유의하게 낮아졌다고 할 수 있는데, 이는 대학수학능력시험을 앞둔 고등학교 3학년 학생들이 대부분이었고, 학교에서의 봉사활동 완료 조건으로 비자발적 활동을 해야 했던 것들 때문이라 추측은 되지만 좀 더 질적인 연구가 진행되어야 할 것이다.

사전검사에서 동질집단으로 볼 수 있었던 두 집단에서 실험집단은 평균점수가 향상된 반면, 통제집단은 평균점수가 낮아졌다. 이는 실험집단에서 프로그램을 진행하지 않았을 경우 평균점수가 더 낮아졌을 가능성이 있었다는 것을 나타내는 것이다. 통계적으로 유의하지는 않았으나 평균점수를 향상시켰다는데 예비 프로그램의 의의를 둘 수 있겠다.

⑷ 예비 프로그램 참여 소감문

프로그램을 마친 후 예비 프로그램 참여 소감문을 작성하도록 하였다. 소감문에는 프로그램에 참여하면서 느낀 점과 배운 점, 아쉬운 점 등을 간단히 적도록 하였다. 소감에 대한 내용은 〈표 23〉에 제시하였다.

성명	활동 후 느낌과 소감	새롭게 알게 된 점	아쉬웠던 점, 바라는 점
김○○	내가 하고 싶은 걸 되새김하게 되었다.	진로와 성격 정보	야외활동이 있었으면 좋겠다.
이○○		내가 지금 해야 하는 것	조금 짧게 하면 더 재미있을 것 같다.
신○○	내 자신에 대해 알게 되었고 미래에 대해 고민하게 되었다.	이런 활동이 도움이 된다.	다 좋았기 때문에 없다.
박○○	재미있다.	나의 단점	
김○○	전체적으로 반성을 많이 했다. 자신을 잘 돌아본 것 같고 지금 할 일이 무엇인지 뚜렷이 알았다.	나의 꿈이 더 확실해졌다.	첫 번째 주에 스피커나 준비 같은 것이 아쉬웠다. 좋은 점이 더 많았다.
박○○	내 미래 직업에 대해서 많이 생각해서 좋았다.		
강○○	재밌다.	많다.	

예비 프로그램 참여 소감문을 토대로 프로그램 회기별 시간과 회기 조정에 대해 검토하였다. 그리고 철저하게 준비하고 점검했음에도 불구하고 프로그램 실시 첫날 예비 프로그램을 실시했던 서울시립○○청소년수련관 강의실 컴퓨터에 문제가 발생하여 스피커가 실행되지 않았다. 이러한 진행상의 문제점들과 예비연구를 통해서 얻어진 결과들을 바탕으로 프로그램을 수정하고 보완하였다. 프로그램 개선점으로는 1회기 90분을 학교 수업시간에 준해서 1회기 45분으로 수정하였고, 전체 12회기의 내용 중 활동을 묶어서 할 수 있는 것들을 조절하여 총 10회기의 내용으로 최종 확정하였다. 보완사항으로는 동기유발 혹은 활동보조용 동영상을 첨가하여 활동의 의미를 충분히 전달하고자 하였다.

예비 프로그램의 평가를 통하여 최종 프로그램을 완성하였다. 확정된 최종 프로그램의 모형은 [그림 5]와 같고, 프로그램은 〈표 24〉와 같다.

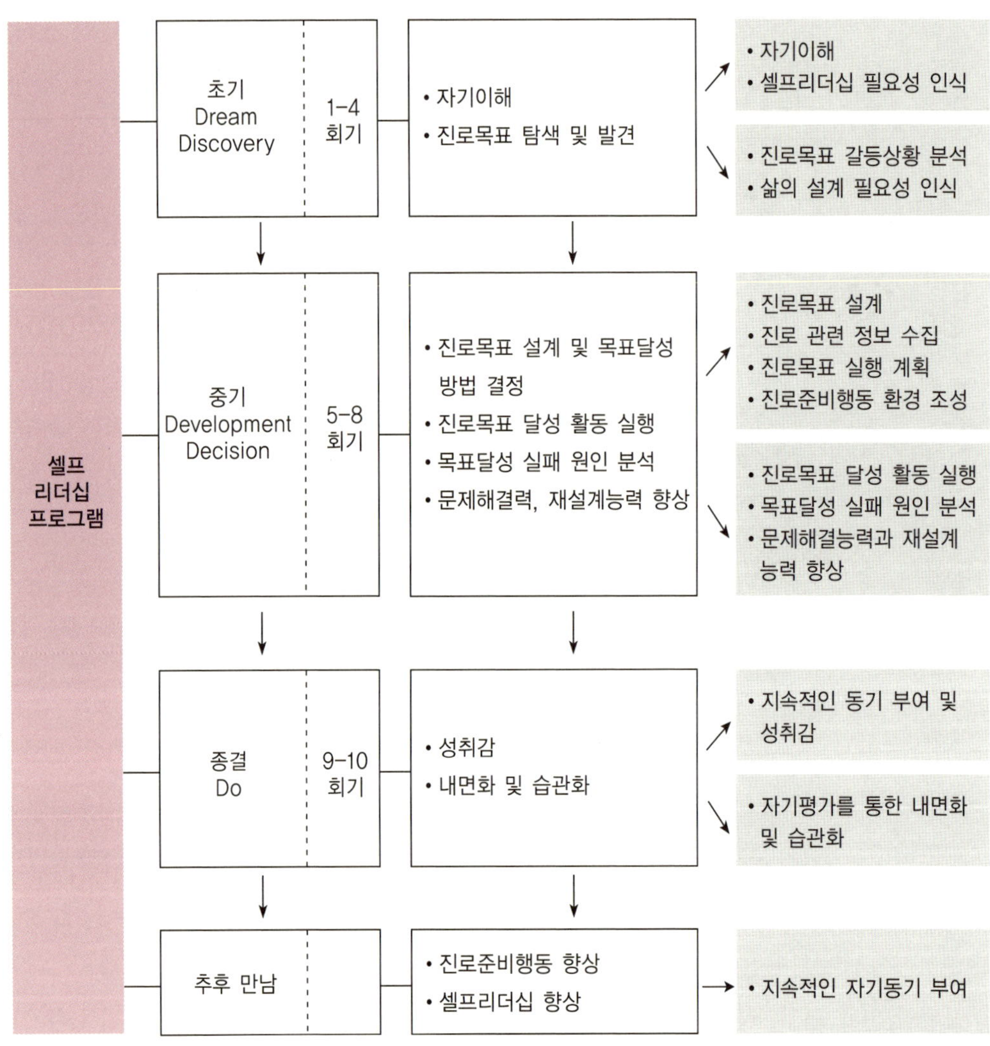

[그림 5] 셀프리더십 프로그램 최종 모형

단계	회기	제목(주제)	목표	활동내용	관련 영역
초기	1-2	나의 나침반과 지도	• 프로그램 목적 이해하기 • 자기 성격특성 이해하기	• 프로그램 소개 • 성격검사 결과 이해하기 • 성격, 진로 영향 나침반 지도 그리기	자기관찰
초기	3-4	나의 N극과 S극	• 목표에 대한 갈등상황 분석하기 • 바람직한 삶의 설계 필요성 인식하기	• 행복감과 불편감 두 상황 탐색하기 • 높은 의자 & 쓰러진 의자 • 생각과 현실 : +/−	건설적인 사고패턴 확립
중기	5-6	내 나침반에 맞춰서	• 진로목표 설정/설계하기 • 진로 관련 정보수집하기 • 목표달성 활동 실행하기 • 강점을 활용한 진로준비행동 환경 조성하기	• 내 꿈의 지도 만들기 • 진로목표 달성을 위한 정보 탐색하고 수집하기 • 진로목표달성 활동 실행하기 • 행동수정일지 작성하기	자기목표 설정/ 예행연습 단서관리/ 과제환경 여건의 재설계
중기	7-8	목표를 향하여 −궤도 수정	• 목표 실패 원인 분석하기 • 성공을 높이기 위한 방법 구상 및 적용하기 • 실패와 성공 사이에서 경험하는 감정 수용하기 • 문제해결능력과 재설계능력 키우기	• 행동수정일지 점검하기 • 30년 후 실패담 • 재설계−최종지도 완성하기 • 걸어온 길, 걸어갈 길 −꿈의 길	자기보상/ 자기처벌/ 내적보상/ 과제의 자기재설계
종결	9-10	나의 꿈, 나의 미래!	• 성취 보람 느끼기 • 지속적인 행동을 위한 자기동기 부여하기	• 30년 후 성공담 • 프로그램 마무리하기	건설적 사고 패턴 확립/ 내적보상
추후		얼만큼 왔니?	• 자존감, 진로준비행동, 셀프리더십 향상 및 유지 정도 확인하기 • 지속적 유지	• 프로그램 시행 전, 후의 자기 모습 평가	

단계	회기	제목(주제)	목표	셀프리더십 전략	핵심역량
초기	1-2	나의 나침반과 지도	• 프로그램 목적 이해하기 • 자기 성격특성 이해하기	자기관찰	심미적 성찰
	3-4	나의 N극과 S극	• 목표에 대한 갈등상황 분석하기 • 바람직한 삶의 설계 필요성 인식하기	건설적인 사고패턴 확립	자기경영 역량 갈등조정 능력 창의력 상상력
중기	5-6	내 나침반에 맞춰서	• 진로목표 설정/설계하기 • 진로 관련 정보수집하기 • 목표달성 활동 실행하기 • 강점을 활용한 진로준비 행동 환경 조성하기	자기목표 설정/ 예행연습/ 단서관리/ 과제환경 여건의 재설계	자기경영 역량 주도적 선제력 정보변환능력 기획능력 구현 및 표상 능력 매체역량
	7-8	목표를 향하여 -궤도 수정	• 목표 실패 원인 분석하기 • 성공을 높이기 위한 방법구상 및 적용하기 • 실패와 성공 사이에서 경험하는 감정 수용하기 • 문제해결능력과 재설계 능력 키우기	자기보상/ 자기처벌/ 내적보상/ 과제의 자기 재설계	자기경영 역량 책임감 반성(반추)적 능력 문제해결기량 수용력/표현력 심미적 성찰
종결	9-10	나의 꿈, 나의 미래!	• 성취 보람 느끼기 • 지속적인 행동을 위한 자기동기 부여하기	건설적 사고패턴 확립/내적 보상	자기경영 역량 인내력/자제력

　1-2회기는 진로준비행동과 셀프리더십의 필요성을 인식하고 자신의 진로목표를 위해서 변화의지를 갖도록 하는 것이 목적이다. 이를 위한 참고자료로 자신의 성격유형에 대해서 이해를 하도록 하는 활동이 마련되어 있다. 지도자는 이 부분을 진행할 때 학생 자신의 잠재적 능력과 적성 혹은 강점 부분에 초점을 맞추어 성장을 촉진시킬 수 있는 활용방안에 관심을 갖도록 해야 하며, 자신을 이해하는 도움자료 이상의 의미를 부여하지 않도록 주의시켜야 한다. 더불어 자신의 성격과 진로에 영향을 미치는 것들이 무엇인지 탐색하는 나침반 지도 그리기 활동에서는 자신의 진로 및 직업선택에 영향을 미치는 사람, 영향을 끼친 경험 등을 깊이 있게 생각하도록 하고, 그 영향력을 자석과 나침반 바늘의 움직임을 통하여 직관적으로 볼 수 있도록 유도해야 한다. 이러한 활동을 통해서 학생들은 자신의 진로에 대해서 한 번 더 생각하게 될 것이고, 진로목표를 향한 변화의지를 갖게 될 것이다.

　3-4회기는 무엇을 할 때 행복을 느끼고, 어떤 일을 할 때 몰입을 잘 하는지, 그리고 어떤 활동을 할 때 자신의 강점이 잘 발휘되는지를 깨달아 진로목표와 자연스럽게 연결시키는 것이 목적이다. 현재 자신의 진로목표를 위해서 무엇을 하고 있는지 점검하고, 해야 할 것이 있는데 하지 못하는 것은 무엇이고 그 이유는 무엇인지 생각해 보도록 한다. 또한, 진로목표를 위해서 하지 말아야 할 것 혹은 하고 싶어도 참아야 할 것은 무엇인지, 하지 말아야 할 것을 계속하고 있는 이유는 무엇인지 생각하고 각각의 예상되는 결과들을 머릿속에 그려보도록 한다. 이로써 목표에 대한 갈등상황을 분석하고 바람직한 방향으로의 설계가 필요함을 인식할 수 있을 것이다.

　5-6회기는 진로목표를 설계하고 진로목표 달성을 위한 정보들을 탐색하여 자신의 꿈을 구체적으로 그려볼 수 있도록 하는 것이 목적이다. 이러한 목적을 이루기 위해 학생들은 10년 단위로 자신의 모습과 주변의 변화를 상상하면서 자신만의 꿈을 표현하는 문장을 완성하게 된다. 같은 모둠 친구들은 서로서로 꿈을 이루기 위해 필요한 것과 도움이 될 수 있는 다양하고 구체적인 정보들을 탐색하여 제공해 준다.

　5-6회기 또 하나의 목적은 진로목표를 달성하기 위한 활동을 실행할 수 있도록 자신의 성격강점을 활용하여 진로준비행동 환경을 조성하는 것이다. 학생들은 실제적으로 1주일, 1개월, 6개월 단위로 실행할 수 있는 구체적인 전략들을 세우고, 각 단계의 목표를 이루기 위해 해야 할 일 혹은 늘려야 할 행동, 하지 말아야 할 일 혹은 줄여야 하는 행동의 목록을 생각하게 된다. 그리고 행동수정일지를 작성하여 실행하면서 결과들을 기록한다. 지도자는 5-6회기에서의 늘

려야 할 행동, 줄여야 할 행동들이 실천 가능한 범위 내에서 할 수 있도록 예를 들어 3개를 넘지 않도록 한다든지 하는 등의 적정수준 안내를 해야 할 것이다. 실천 강화와 더불어 약간의 융통성을 발휘할 수 있도록 유혹의 순간이나 위기의 순간에는 '동전을 던져라'도 활용할 수 있음을 안내한다.

　7-8회기는 실행결과를 바탕으로 실패의 원인을 분석하고 성공을 높이기 위한 방법을 구상하여 다시 적용할 수 있도록 하는 것이 목적이다. 행동수정일지를 점검하고, 자신의 꿈을 실현하기 위한 최종지도를 작성하도록 한다. 이에 더하여 자신이 원하는 진로 혹은 직업과 관련하여 30년이 지났음에도 불구하고 여전히 아무런 변화 없이 진로 고민을 하고 있는 가상의 시나리오를 제시하여 노력하지 못한 이유 혹은 변화하지 못하게 한 요인은 무엇인지를 생각하게 한다. 30년 지난 상황에서 다시 30년 전으로 돌아간다면 무엇을 할 수 있는지, 무엇을 하고 싶은지를 생각하면서 학생들은 노력하고 변화하는 주체는 자신임을 깨닫고 선택과 책임의 중요성을 느끼면서 변화의지를 갖고 실천하게 될 것이다. 또한, 지난 회기의 활동과 결과들을 돌아보면서 자신의 진로목표가 얼마나 구체적이고 실제적으로 바뀌어가고 있는지, 자신은 이를 위해서 어떠한 노력들을 실행하고 있는지를 생각하면서 자신에게 지속적인 동기부여가 될 수 있도록 한다.

　9-10회기는 자신의 목표를 이루기 위해 행동과 생각을 변화시키면서 자신을 올바른 방향으로 이끌어 가도록 내면화·습관화 시키는 것이 목적이다. 7-8회기에서의 실패 가상시나리오를 본 회기에서는 성공 가상시나리오로 제시하여 후배들에게 성공담을 들려주는 상황을 상상하면서 시연해 보는 장면을 연출하도록 하였다. 이는 꿈을 실현하기 위한 셀프리더가 될 수 있도록 변화의지를 심어줄 것이다.

07

프로그램 효과검증

🧭 연구방법

가. 연구대상

서울시 소재 H고등학교 1학년 남학생들을 대상으로 연구를 진행하였다. 학교 선생님을 통하여 2개 학급에 프로그램을 소개한 후, 자발적으로 프로그램에 참여하기를 희망하는 학생들로 부모님의 동의를 구하여 실시하였다. 참가희망 7명의 학생을 실험집단에 배정하고, 프로그램이 소개된 두 학급 중 1개 학급 프로그램 비참가 학생들 중 사전검사 결과가 비슷한 7명을 무작위 선정하여 통제집단으로 배정한 후 실험을 실시하였다. 실험집단에는 본 연구에서 개발한 프로그램을 실시하였고, 통제집단에는 아무런 처치를 하지 않았다. 실험집단 학생 7명 중 5명은 10회기의 프로그램에 모두 참여하였으나 2명은 10회기 중 6회기 동안만 참여하였다. 프로그램 실시 전 본 연구에 참여한 실험집단과 통제집단이 차이가 없는 동질 집단임을 검증하기 위해 두 집단 간의 사전검사 차이에 대한 t-검증을 실시하였다. 그 결과 두 집단의 평균점수 차이가 유의하지 않아 두 집단은 동질적 집단임을 확인하였으나 전체 표본의 크기가 작은 것을 고려하여 Mann-Whitney U Test를 실시하였다. 셀프리더십, 자아존중감, 진로준비행동 각 척도별 두 집단의 동질성 검증 결과는 〈표 26〉과 같다.

표 26 프로그램 사전검사에 대한 Mann–Whitney U 검정

Variables	집단	N	평균순위	순위합	U	p
셀프리더십	실험	7	7.14	50.00	22.00	.805
	통제	7	7.89	55.00		
자아존중감	실험	7	7.29	51.00	23.00	.902
	통제	7	7.71	54.00		
진로준비행동	실험	7	7.36	51.50	23.50	.902
	통제	7	7.64	53.50		

사전검사에 대한 Mann–Whitney U 검정 결과를 살펴보면, 셀프리더십, 자아존중감, 진로준비행동에서의 집단 간 유의한 차이는 보이지 않았다. 즉, 실험집단과 통제집단은 동질집단이라고 할 수 있다. 따라서 프로그램 실시 후 분석에서 나타나는 점수의 차이는 프로그램 실시로 인한 효과라고 볼 수 있다.

나. 연구설계

본 연구는 셀프리더십 프로그램의 효과를 알아보기 위해 실험집단과 통제집단의 사전·사후·추후검사를 실시하여 비교하였다. 실험집단에는 진로준비행동 향상을 위한 셀프리더십 프로그램을 실시하였고, 통제집단에는 치료적 개입을 하지 않았다. 본 연구의 실험설계는 [그림 6]과 같다.

실험집단	R	O_1	X_1	O_2	O_3
통제집단	R	O_4		O_5	O_6

O_1, O_4 : 사전검사(성격, 셀프리더십, 자아존중감, 진로준비행동 검사)

O_2, O_5 : 사후검사(셀프리더십, 자아존중감, 진로준비행동 검사)

O_3, O_6 : 추후검사(셀프리더십, 자아존중감, 진로준비행동 검사)

X_1 : 실험처치(셀프리더십 프로그램)

R : 무선배치

[그림 6] 실험설계

다. 연구도구

⑴ 성격유형 검사

성격유형에 대한 검사는 한국유전자지문적성연구소 ㈜적성과미래의 전문상담사에 의해 진행되었다. 이 검사는 지문 디지털 인식기에 의해 모든 손가락의 지문을 채취한 뒤 지문적성검사 프로그램에 의해 판독·분석이 되며 주성향과 보조성향에 대한 검사결과 보고서가 제공이 된다. 검사결과 보고서에는 개인의 주성향과 보조성향에 대한 설명과 성격의 장·단점, 대인관계, 스트레스 원인, 개선방법, 일을 할 때의 특징, 대화방법, 직업군 등이 자세히 기술되어 있다. 이는 성향을 분석하고, 효과적인 스트레스 대처법을 파악하며, 자신의 장점 계발 및 단점 보완 등 자신을 이해하고 성장시키는 데 도움을 줄 수 있는 참고자료가 된다.

⑵ 셀프리더십

본 연구에서 사용한 셀프리더십 측정도구는 Houghton과 Neck(2002)이 개발한 RSLQ(Revised Self-leadership Questionnaire)를 신용국, 김명소, 한영석(2009)이 국내 대학생을 대상으로 타당화한 척도를 사용하였다. 신용국 외(2009)의 셀프리더십 측정도구는 35문항, 5점 척도로 되어 있고, 하위변인들 간의 내적일관성 신뢰도 계수는 .70에서 .87로 나타났다. 하위변인은 행동지향적 전략, 내적보상을 통한 전략, 건설적 사고 전략으로 구성되어 있다. 본 연구에서의 셀프리더십 척도 문항구성 및 신뢰도는 〈표 27〉과 같고, 셀프리더십 전체 Cronbach's α는 .929로 나타났다.

표 27 셀프리더십 척도의 문항구성 및 신뢰도

	하위요인	문항수	문항번호	Cronbach's α
행동 지향적 전략	자기목표 설정	5	1, 2, 3, 4, 5	.643
	자기보상	3	6, 7, 8	
	자기관찰	4	9, 10, 11, 12	
	단서관리	2	13, 14	
	자기처벌	4	15, 16, 17, 18	
내적보상 전략	내적보상	5	19, 20, 21, 22, 23	.952
건설적 사고 전략	상상적 경험 (성공적 수행 상상하기)	5	24, 25, 26, 27, 28	.955
	자기대화	3	29, 30, 31	
	신념과 가정	4	32, 33, 34, 35	

⑶ 자아존중감

본 연구에서 사용한 자아존중감 척도는 Rosenberg(1965)의 Self-Esteem Scale을 최미례(2000)
가 번안한 척도를 사용하였다. 최미례(2000)의 자아존중감 측정도구는 10문항, 4점 척도로 되
어 있고, 내적일관성 신뢰도 계수는 .85로 나타났다. 본 연구에서의 자아존중감 척도 문항구성
및 신뢰도는 〈표 28〉과 같다.

표 28 자아존중감 척도의 문항구성 및 신뢰도

하위요인	문항수	문항번호	Cronbach's α
자아존중감	10	1, 2, 3*, 4, 5*, 6, 7, 8*, 9*, 10*	.935

* 역채점 문항

⑷ 진로준비행동

본 연구에서 사용한 진로준비행동 측정도구는 김봉환(1997)이 개발한 진로준비행동검사를
이종찬(2013)이 통계분석을 위해서 Likert 5점 척도로 구성한 도구를 사용하였다. 김봉환(1997)
의 진로준비행동 측정도구는 16개 문항, 4점 척도로 대학생들의 진로상담과 관련한 사례를 분
석하고, 진로를 결정한 대학생들이 어떠한 행동을 하는지와 CES(Career Exploration Survey;
Stumpf, Colarelli & Hartman, 1983), Vocational Questionnaire Ⅱ(Slaney, 1983), Career
Planning Questionnaire(Westbrook et al., 1985) 등의 분석을 통하여 개발되었다. 전체 16개 문
항의 내적일관성 신뢰도 계수는 .84로 나타났고, 이외 반분 신뢰도는 .74, 검사-재검사 신뢰도
는 .82로 나타났다. 이종찬(2013)의 연구에서 하위변인들의 내적일관성 신뢰도 계수는 .72에서
.81이었다. 하위변인은 3가지로 정보수집활동, 도구구비활동, 목표달성활동으로 구성되어 있다.

본 연구에서는 임은미, 이명숙(2003)의 최근 인터넷 진로정보 사이트가 많이 생겨났다는 현
실을 감안하여 추가한 문항 '지난 몇 주 동안 나는 내가 관심을 가지고 있는 직업이나 진로와
관련된 자료를 인터넷을 통해 검색해 보았다'를 추가하였고, 원 척도의 8번과 9번 문항을 통합
하여 '지난 몇 개월 동안 나는 내가 관심을 가지고 있는 직업이나 진로와 관련된 전문가 혹은
직업이나 진로분야에 직접 종사하고 있는 사람들과 이야기를 나누어 본 적이 있다'로 구성하였
다. 또한, 고등학생 대상임을 감안하여 교수님을 선생님으로, 학생생활연구소를 학교 상담실
로 수정하였고, 15번 문항에 '자격요건'을 정보의 예에 추가하였다. 본 연구에서의 Cronbach's
α는 .956으로 나타났다.

라. 연구절차

(1) 집단 구성

서울시 소재 H고등학교 1학년 남학생들을 대상으로 연구를 진행하였다. 학교 선생님을 통하여 2개 학급에 프로그램을 소개한 후, 자발적으로 프로그램에 참여하기를 희망하는 학생들 각 가정에 프로그램 안내장을 보내 부모님의 동의를 얻어 실시하였다. 참가희망 7명의 학생을 실험집단에 배정하고, 프로그램이 소개된 두 학급 중 1개 학급 프로그램 비참가 학생들 중 7명을 무작위 선정 후 통제집단으로 배정하여 실험을 실시하였다. 실험집단에는 본 연구에서 개발한 프로그램을 실시하였고, 통제집단에는 아무런 처치를 하지 않았다. 프로그램 진행 장소는 H고등학교 1학년 도서관이었다.

(2) 사전검사(2014. 11. 7)

진로준비행동 향상을 위한 셀프리더십 프로그램을 시행하기 전 실험집단과 통제집단에 대하여 성격유형, 셀프리더십, 자아존중감, 진로준비행동 검사를 실시하였다. 2014년 11월 7일에 실시하였고, 성격유형검사 결과는 11월 14일 프로그램 1회기에 학생들에게 제공이 되었다.

(3) 프로그램 실시(2014. 11. 14 ~ 2014. 11. 22)

본 프로그램은 집단상담 형태로 진행되었고, 1회기 45분, 총 10회기 실시하였다. 2014년 11월 14일(금) 1~2회기, 11월 15일(토) 3~6회기, 11월 22일(토) 7~10회기를 실시하였다. 실험집단에게는 진로준비행동 향상을 위한 셀프리더십 프로그램을 실시하였고, 통제집단은 이 기간 동안 아무런 처치를 하지 않았다.

(4) 사후검사(2014. 11. 22)

프로그램 종료 직후 2014년 11월 22일(토) 실험집단, 11월 24일(월) 통제집단에게 셀프리더십, 자아존중감, 진로준비행동 검사를 실시하였다. 사후검사에 참여한 실험집단 학생들 중 5명은 10회기 모두 참여한 학생들이었으나 2명은 10회기 중 6회기 동안만 참여한 학생이었다.

⑸ **추후검사(2014. 12. 12)**

프로그램 종결 약 3주 후인 12월 12일 프로그램의 효과를 알아보기 위해 실험집단과 통제집단의 구성원에게 사전·사후검사와 동일한 검사지로 추후검사를 실시하였다. 학급 담임교사의 협조로 진행되었고, 결과는 우편으로 배송되었다.

마. 자료분석

본 연구의 효과를 검증하기 위해 셀프리더십 집단상담 프로그램 실시 전 사전검사, 프로그램 종료 직후 사후검사, 프로그램 종료 3주 후 추후검사를 실시하였다. 결과는 SPSS 21을 통하여 통계처리 하였고, 프로그램의 실시가 셀프리더십, 자아존중감, 진로준비행동에 미치는 효과를 알아보기 위하여 집단과 시기에 따른 각 변인들의 평균과 표준편차를 분석하였다. 자료처리를 위한 통계방법으로는 집단(실험, 통제)×검사 실시시기(사전, 사후, 추후)에 따른 반복측정 분산분석과 대응 K-표본 비모수 검정을 실시하였다.

연구결과 및 해석

가. 연구결과

⑴ 셀프리더십 프로그램이 셀프리더십에 미치는 효과

실험집단과 통제집단의 셀프리더십 사전검사 점수와 사후검사 점수, 추후검사 점수를 비교하였으며, 그 결과는 〈표 29〉에 제시하였다.

표 29 집단별, 측정시기별 셀프리더십 점수의 평균과 표준편차

측정도구	시기별/집단	사전 M(SD)	사후 M(SD)	추후 M(SD)
셀프리더십	실험	3.57(.29)	3.91(.42)	3.76(.52)
	통제	3.59(.39)	3.51(.37)	3.54(.44)

표 30 집단 및 측정시기별 셀프리더십에 대한 분산분석표

변량원	자유도	자승합	평균자승합	F
집단(A)	1	.408	.408	.936
집단 간 오차	12	5.233	.436	
측정시기(B)	2	.111	.055	1.599
상호작용(A×B)	2	.320	.160	4.621*
집단 내 오차	24	.831	.035	
전체	41	6.903		

*$p<.05$

집단과 검사 시기에 따른 셀프리더십 점수의 수준 차이 및 프로그램 실행 전과 후, 그리고 효과의 지속정도를 알아보기 위해 반복측정 분산분석을 하였다. 셀프리더십 점수의 분산분석 결과, 실험집단과 통제집단의 집단 간 주효과와 검사 시기는 통계적으로 유의하지 않았으나 집단과 검사 시기에 따른 상호작용효과가 있는 것으로 나타났다($F=4.621$, $p=0.02<\alpha=0.05$). 즉, 사전, 사후, 추후검사와 집단에 따른 셀프리더십의 차이가 있음을 알 수 있다. 결과는 〈표 30〉에 제시하였다. 집단과 검사 시기의 상호작용이 통계적으로 유의하게 나와 표본의 크기가 작은 것을 고려하여 셀프리더십에 대한 Friedman 검정 및 Kendall의 W 검정을 실시하였다. 결과는 〈표 31〉과 같다.

표 31 Friedman 검정 및 Kendall의 W 검정 결과

구분	Kendall의 W	카이제곱	자유도	근사 유의확률
실험집단	.481	6.741	2	.034*
통제집단	.220	3.083	2	.214

*$p<.05$

유의수준 5%로 하였을 때 실험집단 유의확률이 0.05보다 작기 때문에 셀프리더십의 사전, 사후, 추후의 순위는 차이가 있다고 해석할 수 있다. 그러나 통제집단은 통계적으로 유의하지 않았다. 사후검사와 추후검사에서 실험집단의 셀프리더십이 통제집단보다 높게 나타난 결과와 실험집단에서 사후검사와 추후검사가 사전에 비해 더 높게 나타난 결과는 프로그램이 효과적이고 그 효과는 추후까지도 지속된다는 것을 의미한다고 할 수 있다.

셀프리더십이 어떻게 증가할 것인지 알아보기 위해 추세검증을 실시한 결과, 시기에 따른 2차모형 추세변화가 유의확률 .044로 $F=5.087$, $p<.05$ 수준에서 유의한 것으로 나타났다. 시기와 집단에 따라서도 2차모형 추세변화가 유의확률 .003으로 $F=13.361$, $p<.01$ 수준에서 유의한 것으로 나타났다. 결과는 [그림 7]에 제시하였다.

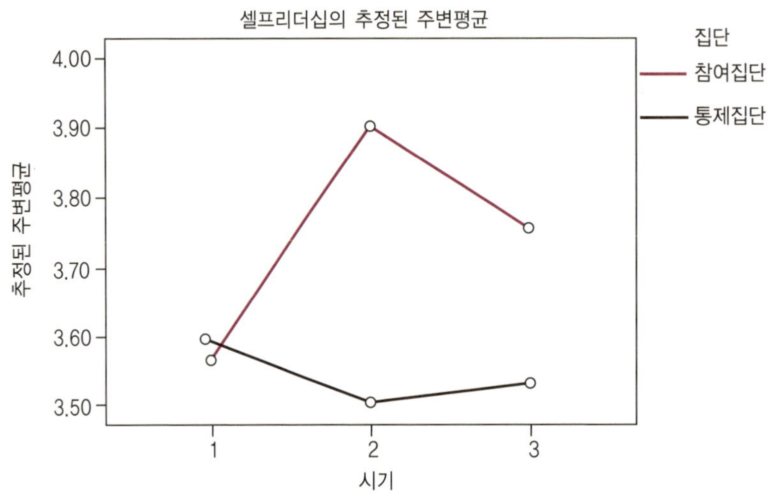

[그림 7] 셀프리더십의 추정된 주변평균

⑵ 셀프리더십 프로그램이 자아존중감에 미치는 효과

실험집단과 통제집단의 자아존중감 사전검사 점수와 사후검사 점수, 추후검사 점수를 비교하였으며, 그 결과는 〈표 32〉에 제시하였다.

표 32 집단별, 측정시기별 자아존중감 점수의 평균과 표준편차

측정도구	시기별/집단	사전 M(SD)	사후 M(SD)	추후 M(SD)
자아존중감	실험	3.17(.52)	3.36(.44)	3.24(.55)
	통제	3.26(.41)	3.21(.36)	3.13(.41)

| 표 33 | 집단 및 측정시기별 자아존중감에 대한 분산분석표 |

변량원	자유도	자승합	평균자승합	F
집단(A)	1	.034	.034	.060
집단 간 오차	12	6.871	.573	
측정시기(B)	2	.074	.037	1.660
상호작용(A×B)	2	.109	.054	2.426
집단 내 오차	24	.537	.022	
전체	41	7.625		

집단과 검사 시기에 따른 자아존중감 점수의 수준 차이 및 프로그램 실행 전과 후, 그리고 효과의 지속정도를 알아보기 위해 반복측정 분산분석을 하였다. 자아존중감 점수의 분산분석 결과, 유의수준 5%에서 집단에 따른 자아존중감의 유의한 변화는 없는 것으로 나타났다. 사전, 사후, 추후검사에 따른 자아존중감의 차이도 통계적으로 유의하지 않았고, 검사 시기와 집단에 따른 자아존중감의 차이도 없는 것으로 나타났다. 결과는 〈표 33〉에 제시하였다.

통계적으로 유의하지는 않았으나 실험집단은 검사 시기에 따라 사전, 사후, 추후의 점수가 증가하였고, 통제집단에서는 사전, 사후, 추후의 점수가 감소하였다. 그리고 사후와 추후에 실험집단의 점수가 통제집단보다 높게 나타난 것은 다소 미미하기는 하나 프로그램의 효과라고 할 수 있겠다. 자아존중감의 추정된 주변평균 그래프는 [그림 8]과 같다.

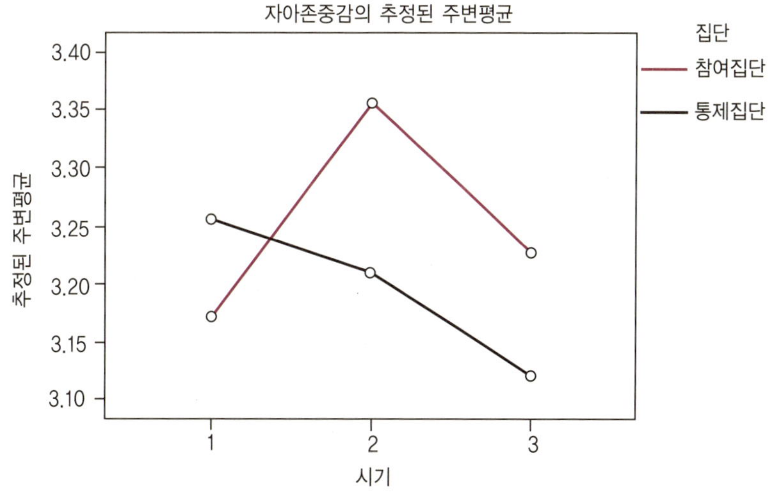

[그림 8]   자아존중감의 추정된 주변평균

(3) 셀프리더십 프로그램이 진로준비행동에 미치는 효과

실험집단과 통제집단의 진로준비행동 사전검사 점수와 사후검사 점수, 추후검사 점수를 비교하였으며, 그 결과는 〈표 34〉에 제시하였다.

표 34 집단별, 측정시기별 진로준비행동 점수의 평균과 표준편차

측정도구	시기별/집단	사전	사후	추후
		$M(SD)$	$M(SD)$	$M(SD)$
진로준비행동	실험	2.82(.68)	3.74(.80)	3.63(1.01)
	통제	2.84(.62)	2.98(.48)	3.07(.48)

표 35 집단 및 측정시기별 진로준비행동에 대한 분산분석표

변량원	자유도	자승합	평균자승합	F
집단(A)	1	1.967	1.967	1.559
집단 간 오차	12	15.145	1.262	
측정시기(B)	2	2.556	1.278	11.264***
상호작용(A×B)	2	1.136	.568	5.006*
집단 내 오차	24	2.723	.113	
전체	41	23.527		

*$p<.05$ **$p<.01$ ***$p<.001$

집단과 검사 시기에 따른 진로준비행동 점수의 수준 차이 및 프로그램 실행 전과 후, 그리고 효과의 지속정도를 알아보기 위해 반복측정 분산분석을 하였다. 진로준비행동 점수의 분산분석 결과, 집단 간의 주효과는 통계적으로 유의하지 않았다. 그러나 검사 시기에 있어서는 유의확률이 0.000으로 유의수준 0.1%에서 진로준비행동 수준에 차이가 있는 것으로 나타났다(F=11.264, p=0.000<α=0.001). 집단과 검사 시기의 상호작용에서도 유의확률이 0.015로 유의수준 5%에서 검사시기의 변화와 집단에 따라 진로준비행동의 수준이 차이가 있는 것으로 나타났다(F=5.006, p=0.015<α=0.05). 결과는 〈표 35〉에 제시하였다. 집단과 검사 시기의 상호작용이 통계적으로 유의하게 나와 표본의 크기가 작은 것을 고려하여 진로준비행동에 대한 Friedman 검정 및 Kendall의 W 검정을 실시하였다. 결과는 〈표 36〉과 같다.

표 36 Friedman 검정 및 Kendall의 W 검정 결과

구분	Kendall의 W	카이제곱	자유도	근사 유의확률
실험집단	.511	7.154	2	.028*
통제집단	.196	2.741	2	.254

*$p < .05$

유의수준 5%로 하였을 때 유의확률이 0.05보다 작기 때문에 실험집단 진로준비행동의 사전, 사후, 추후의 순위는 차이가 있다고 해석할 수 있다.

표 37 진로준비행동 대응별 비교

측도	(I) 시기	(J) 시기	평균차(I−J)	표준오차	유의확률	차이에 대한 95% 신뢰구간	
						하한값	상한값
진로준비행동	1	2	−.530*	.131	.002	−.815	−.245
		3	−.516*	.142	.003	−.827	−.206
	2	1	.530*	.131	.002	.245	.815
		3	.014	.106	.900	−.218	.245
	3	1	.516*	.142	.003	.206	.827
		2	−.014	.106	.900	−.245	.218

*$p < .05$

진로준비행동 대응별 비교 결과를 살펴보면, 사전과 사후, 사전과 추후의 차이가 통계적으로 유의하고 사후와 추후의 차이는 통계적으로 유의하지 않았다. 결과는 〈표 37〉과 같다.

실험집단의 진로준비행동 점수가 사후와 추후에 통제집단보다 높게 나타난 결과와 실험집단의 시기별 분석결과 사전에 비해 사후와 추후에 점수가 더 높게 나타난 결과는 프로그램이 효과적이고 그 효과는 추후까지도 지속된다는 것을 의미한다. 진로준비행동이 어떻게 증가할 것인지 알아보기 위해 추세검증을 실시한 결과 추세변화가 유의확률 .003으로 $F=13.138$, $p<.01$ 수준에서 유의한 것으로 나타났다. 2차모형적인 추세변화도 .015($F=8.126$, $p<.05$)로 유의한 것으로 나타났다. 시기와 집단에 따라서는 2차모형의 유의확률이 .024($F=6.623$, $p<.05$)로 유의하게 나타났다. 결과는 [그림 9]와 같다.

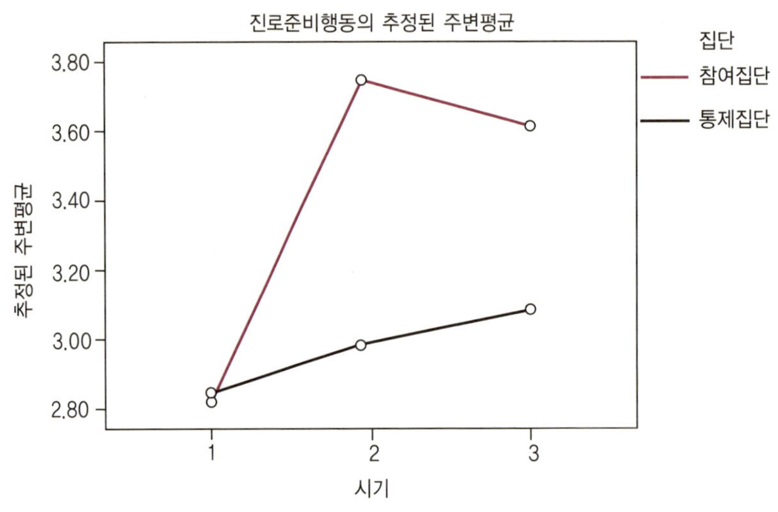

[그림 9] 진로준비행동의 추정된 주변평균

(4) 셀프리더십 프로그램이 성격유형별 셀프리더십, 자아존중감, 진로준비행동에 미치는 효과

셀프리더십 프로그램이 성격유형별 셀프리더십, 자아존중감, 진로준비행동에 미치는 효과를 알아보기 위하여 예비프로그램과 본프로그램에 참여했던 연구대상자들을 지문의 특징에 따라 loop형, whorl형, 기타유형으로 구분하여 사전검사와 사후검사의 점수를 비교하였다. 성격유형 검사를 실시한 18명의 학생 중 주성향이 loop형(감성형 9명, 관찰형)에 속하는 학생은 9명이었고, whorl형(관계형 2명, 사고형 2명, 현실형 1명, 리더형 1명, 완벽형 1명)에 속하는 학생은 7명이었으며, 기타 Arch형에 속하는 연구형과 이 세 분류에 속하지 않는 열정형이 각 1명이었다. 성격유형별, 측정시기별 셀프리더십, 자아존중감, 진로준비행동 점수의 평균과 표준편차는 〈표 38〉과 같다.

| 표 38 | 성격유형별, 측정시기별 셀프리더십, 자아존중감, 진로준비행동 점수의 평균과 표준편차 |

시기별/성격유형별			평균	표준편차
사전	자아존중감	loop형	2.789	.6133
		whorl형	3.114	.6414
		기타유형	3.350	.2121
	셀프리더십	loop형	3.381	.6539
		whorl형	3.270	.7967
		기타유형	3.025	.1626
	진로준비행동	loop형	2.837	.8873
		whorl형	3.117	.6160
		기타유형	3.315	.5303
사후	자아존중감	loop형	3.133	.4950
		whorl형	3.114	.4525
		기타유형	3.400	.2828
	셀프리더십	loop형	3.673	.4634
		whorl형	3.684	.6511
		기타유형	3.875	.3041
	진로준비행동	loop형	3.488	.7862
		whorl형	3.544	.4774
		기타유형	3.375	.8839

| 표 39 | Kruskal-Wallis 검정 결과 |

	사전			사후		
	자아존중감	셀프리더십	진로준비행동	자아존중감	셀프리더십	진로준비행동
카이제곱	2.043	2.499	.689	.614	.207	.468
자유도	2	2	2	2	2	2
유의확률	.360	.287	.708	.736	.902	.791

일원배치 분산분석 결과 유의수준 5%에서 성격유형별 평균점수의 차이가 없는 것으로 나타났으나 각 집단의 데이터 수가 적은 것을 고려하여 비모수적 방법으로 다시 분석하였다. 가장 많이 사용하는 독립 K-표본 비모수검정은 Kruskal-Wallis Test다. 사전 자아존중감, 셀프리더십, 진로준비행동에 대한 Kruskal-Wallis의 H통계량 값은 각각 2.043, 2.499, .689이고, 이 값에 대한 근사유의확률은 각각 0.360, 0.287, 0.708이다. 유의수준 5%에서 세 집단의 평균의 차이가 있다고 볼 수 없다. 사후 자아존중감, 셀프리더십, 진로준비행동에서도 성격유형별 평균점수의 차이는 없다고 해석할 수 있다. 결과는 〈표 39〉에 제시하였다.

표 40 성격유형별 사전-사후 변화량에 대한 Wilcoxon 부호순위 검정

Variables	성격유형	Z	p
자아존중감	loop형	−2.035	.042*
	whorl형	−.211	.833
	기타유형	−1.000	.317
셀프리더십	loop형	−1.481	.139
	whorl형	−1.690	.091
	기타유형	−1.342	.180
진로준비행동	loop형	−1.606	.108
	whorl형	−1.439	.150
	기타유형	−.447	.655

$*p<.05$

각 성격유형별 사전과 사후를 비교해 보면, loop형에서 자아존중감이 통계적으로 유의한 차이가 있었다($Z=-2.035$, $p<.05$). 즉, loop형에서 프로그램 시행 후 자아존중감 점수가 유의하게 향상되었다고 할 수 있다. 결과는 〈표 40〉과 같다. loop형이 감성이 풍부하고 협력과 칭찬이 중요하게 작용하는 성격유형이라는 점을 감안할 때 본 프로그램이 loop형의 자아존중감 향상에 효과적으로 기여했을 것이라 판단된다.

나. 프로그램 만족도

셀프리더십 프로그램에 참여한 학생들에게 프로그램에 대한 만족도와 집단상담 활동 평가 및 소감 등에 대한 자료를 수집하여 분석하였다.

⑴ 셀프리더십 프로그램 참여 만족도 분석

셀프리더십 프로그램 종결 후, 프로그램에 참여했던 학생들에게 프로그램 참여 기간, 내용, 만족도, 진행방법 등에 대하여 5점 척도로 응답하도록 하였고, 좋았던 활동을 기술하도록 하였다. 평가 결과는 학생들의 반응수를 5점 척도로 나누어 '매우 만족'은 5점, '만족'은 4점, '보통'은 3점, '불만족'은 2점, '매우 불만족'은 1점으로 하였다. 점수는 28점~30점으로 나왔고, 전체 합에 대한 평균으로 환산하였다. 프로그램 참여 만족도 결과는 〈표 41〉에 제시하였다.

전체적으로 학생들의 평가 결과는 셀프리더십 프로그램과 프로그램 참여를 긍정적으로 지각하는 것으로 나타났다. 프로그램 참여 기간 항목은 5점 만점에 평균 4.29점, 프로그램 내용 만족도는 4.14점, 프로그램을 통해 얻은 것은 4점, 프로그램 진행 방법에 대한 만족도는 4.14점으로 응답하였다. 가장 좋았던 활동으로는 9회기 '30년 후 성공담'으로 응답하였고, 기타 하고 싶은 말에는 '프로그램이 매우 만족스러웠다', '자신의 꿈을 위해 계속 노력하는 사람이 되겠다', '시간이 짧았다'는 내용이 있었다.

셀프리더십 프로그램 만족도와 소감문 작성에 참여했던 학생들 중에는 10회기의 프로그램에 모두 참여했던 학생 5명과 10회기 중 6회기 동안 참여했던 2명의 학생이 있었음을 감안할 때 셀프리더십 프로그램은 학생들에게 만족도가 비교적 높다고 할 수 있다. 그러나 7명의 남학생들을 대상으로 진행되었던 결과라는 점에서는 제한점으로 남는다.

 셀프리더십 프로그램 만족도 평가 결과(N=7)

문항	항목	매우 불만족	불만족	보통	만족	매우만족	합	평균
		1	2	3	4	5		
1	프로그램 참여 기간	·	·	·	5	2	30	4.29
2	프로그램 내용	·	·	2	2	3	29	4.14
3	프로그램 통해 얻은 것	·	·	2	3	2	28	4.00
4	프로그램 진행 방법	·	·	1	4	2	29	4.14
	전체	·	·	5	14	9	116	4.14
5	가장 좋았던 활동	30년 후 성공담, 남들과의 소통(느낌 나누기), 진로에 대한 계획 세우기						
6	기타 의견	매우 만족스러웠다. 꿈을 위해 계속 노력하는 사람이 되겠다.						

(2) 셀프리더십 프로그램 참여 소감

진로준비행동 향상을 위한 셀프리더십 프로그램 참여 소감은 〈표 42〉와 같다.

표 42 프로그램 참여 소감

성명	활동 후 느낌과 소감	새롭게 알게 된 점	아쉬웠던 점, 바라는 점
안○○	내 자신에 대해 좀 더 돌아볼 수 있었다.	내가 생각보다 나의 진로를 잘 알고 있다.	참가율이 좀 낮은 점, 여기서 탐색한 것을 바탕으로 진로를 탐색해야 하겠다.
이○○	활동을 마치고 나는 나의 진로를 정할 수 있게 되어 만족스럽다.	활동을 통해 친구들의 사례를 보다 잘 알 수 있게 되어서 좋은 참고가 되었다.	진로프로그램 초반에 잘 집중하지 못했던 것이 아쉬웠다.
김○○	앞으로 계획만 세우는 것이 아니라 실천도 열심히 해야겠다고 생각했다.	나의 성격이나 적성을 더욱 자세히 알게 되었다.	
박○○	흐지부지했던 진로의 종착점이 좀 더 명확해졌다.	타인의 의견	
송○○	이 시간 덕분에 진로에 대해 더 찾아볼 수 있는 계기가 되었고 공부 동기부여가 되었다.		
정○○	평소 학교 공부에 급급해 꿈에 대해 생각할 여유가 없었는데 활동을 통해 생각을 더 해 보았고 어느 정도 계획이 잡혔다.	나 말고 다른 친구들의 꿈을 알게 되었고 동기부여 받았다.	시간이 많지 않았다.

08
요약 및 논의

🧭 요약

　본 연구는 청소년의 진로준비행동 향상을 위한 셀프리더십 프로그램을 개발하여 그 효과성을 검증하는데 목적이 있었다. 청소년을 위한 셀프리더십 프로그램 개발은 프로그램 개발 절차와 프로그램의 내용과 구성은 어떠한가? 라는 연구문제에 따라 개발이 되었고, 개발된 셀프리더십 프로그램의 적용 효과 검증에서는 프로그램이 셀프리더십, 자아존중감, 진로준비행동 향상에 효과가 있는가? 라는 연구문제에 의하여 연구가 진행되었다.

　프로그램 개발과 그 효과성을 검증하기 위해 관련 변인들에 대한 문헌연구와 선행연구들을 고찰하고 분석하여 셀프리더십 프로그램 구성요인을 선정하였다. 셀프리더십 프로그램 전략은 Manz와 Sims(2001)이 제시한 전략을 참고하였고, 10회의 전문가 회의를 거쳐 프로그램의 목적과 목표에 적합하게 내용을 구성하였다. 프로그램을 타당하게 구현하기 위하여 프로그램의 위계체계를 한 눈에 볼 수 있도록 5D(Dream, Discovery, Development, Decision, Do) 모형을 개발하여 적용하였고, 셀프리더십 전략을 바탕으로 셀프리더십 향상과 진로준비행동 향상에 도움이 되는 활동들을 선정하여 5개의 주제(나의 나침반과 지도, 나의 N극과 S극, 내 나침반에 맞춰서, 목표를 향하여 궤도 수정, 나의 꿈 나의 미래!)로 이루어진 최종 10회기의 프로그램을 개발하여 그 효과성을 검증하였다.

본 연구의 참여자는 서울시 소재 H고등학교 1학년 남학생들로서 프로그램 참가희망 7명을 실험집단에, 사전검사 결과가 비슷한 학생들 중 7명을 무작위 선제 후 통제집단에 배정하여 실험을 실시하였다. 실험집단은 2014년 11월 14일 2회기, 11월 15일 4회기, 11월 22일 4회기를 실시하였고, 통제집단은 이 기간 동안 아무 처치도 하지 않았다. 실험집단 7명의 학생 중 2명의 학생은 10회기 중 6회기 동안만 참여했다.

본 연구의 효과를 검증하기 위해 셀프리더십 프로그램 실시 전 사전검사, 프로그램 종료 직후 사후검사, 프로그램 종료 3주후 추후검사를 실시하였다. 결과는 SPSS 21을 통하여 통계처리 하였고, 프로그램의 효과를 알아보기 위하여 집단(실험, 통제)×검사 실시시기(사전, 사후, 추후)에 따른 반복측정 분산분석과 표본의 크기가 작은 것을 고려한 비모수 검정을 실시하였다.

연구결과, 셀프리더십 프로그램이 셀프리더십, 자아존중감, 진로준비행동 향상에 미치는 효과에서 집단 간 차이는 통계적으로 유의하지 않았다. 그러나 실험집단 내에서 셀프리더십, 자아존중감, 진로준비행동 평균점수가 사후와 추후검사에서 향상된 것으로 나타났다. 셀프리더십은 집단과 검사 시기의 상호작용이 통계적으로 유의하게 나왔고, 진로준비행동은 검사 시기 및 집단과 검사 시기의 상호작용에서도 통계적으로 유의하게 나왔다. 실험집단에서 각 변인들의 사후 및 추후점수가 통제집단보다 높게 나타난 결과와 실험집단의 시기별 분석결과 사후와 추후 점수가 통계적으로 유의하게 높게 나타난 결과는 프로그램이 효과적이고 그 효과는 추후까지도 지속된다는 것을 알 수 있다. 프로그램의 만족도 조사 결과에서도 셀프리더십 프로그램과 프로그램 참여를 긍정적으로 지각하는 것으로 나타났다. 셀프리더십 프로그램이 성격유형별 셀프리더십, 자아존중감, 진로준비행동에 미치는 효과에서는 성격유형별 차이가 없는 것으로 나타났다. 다만, 각 성격유형별 사전과 사후점수를 비교하였을 때 loop형에서 자아존중감 점수가 통계적으로 유의하게 향상되었다.

이상의 결과들을 종합해 보면, 본 연구에서 개발한 셀프리더십 프로그램은 청소년의 셀프리더십과 진로준비행동 향상에 긍정적인 효과가 있음을 알 수 있다.

◉ 논의

본 연구에서는 청소년의 진로준비행동 향상을 위한 셀프리더십 프로그램을 개발하고 그 효과성을 검증하였다. 셀프리더십 프로그램 개발 절차 및 내용과 구성에 대해서 논의하면 다음과 같다.

가. 프로그램 개발

프로그램 개발 절차와 관련하여 첫째, 본 연구에서는 변창진(1994)이 제시한 9단계 프로그램 개발 절차와 다른 선행연구(박명숙, 2006 ; 박명심, 2007 ; 장해숙, 2010)의 개발 절차 모형을 기초로 8단계 셀프리더십 프로그램 개발 절차 모형을 개발하였다. 8단계는 목적 및 목표 설정, 기존 프로그램 분석, 프로그램 개발 타당성 검토, 내용선정 및 구성, 측정도구 선정, 예비 프로그램 구성 및 실시, 프로그램 수정 및 보완, 최종 프로그램 등으로 구성되어 있다. 박명심(2007)과 장해숙(2010)의 프로그램 절차 모형에서는 요구분석 단계가 1단계로 제시되어 있으나 본 연구는 청소년의 진로준비행동 향상을 위한 셀프리더십 프로그램으로서 이미 초점이 진로준비행동 향상에 맞추어져 있기 때문에 요구분석 단계는 생략하였다.

둘째, 본 연구에서는 박명심(2007)의 프로그램 개발 절차에서와 같이 내용선정 및 구성 후에 5단계로 측정도구 선정을 배치하였다. 이는 프로그램의 하위요소를 결정하는데 영향을 미치기 때문에 내용선정 및 구성단계보다 측정도구 선정 단계가 앞서야 한다는 장해숙(2010)의 개발 절차 모형과 다른 부분이다. 측정도구가 프로그램의 하위요소 결정에 영향 끼칠 것을 고려하기보다는 철저한 선행연구를 바탕으로 프로그램의 목적 및 목표에 부합하는 내용이 선정되고 구성되어야 하는 것이 우선이며, 이와 유기적으로 프로그램의 효과 검증에 대한 근거를 제시할 수 있는 단계가 따라야 하는 것이다. 이에 따라 본 연구에서는 4단계에 내용선정 및 구성, 5단계에 측정도구 선정을 배치하였다.

셋째, 프로그램 내용 선정 및 구성에 있어서 다른 연구들과는 달리 본 연구에서는 프로그램의 위계체계를 한 눈에 볼 수 있도록 모형을 개발하여 적용하였다. 모형은 '진로준비행동 향상을 위한 셀프리더십 프로그램 개발'에 맞는 5개의 핵심용어 앞 글자를 따서 5D(Dream, Discovery, Development, Decision, Do)라 명명하였다. 이는 프로그램을 타당하게 구현하기 위한 것이고, 더불어 각 단계의 목적과 목표에 가장 효과적으로 도달할 수 있도록 내용과 활동을 선정하여 구성하기 위함이기도 하다. 또한, 이 단계에서는 10회에 걸친 5인(교육심리 2인, 상담심리 2인, 청소년 지도자 1인)의 전문가 회의를 통해 프로그램의 내용을 선정하고 구성하였다.

넷째, 프로그램의 완성도를 높이기 위한 여러 선행연구(박명숙, 2006 ; 박명심, 2007 ; 변창진, 1994 ; 장해숙, 2010)들의 제언에 따라 본 연구에서도 6단계에 예비 프로그램 구성 및 실시, 7단계에 프로그램 수정 및 보완을 하였다. 이미 3단계에서 학교 현장의 교사 및 상담 전문가와 교육학과 교수의 내용타당도 평가를 받아 프로그램의 실제적인 타당성을 확보하기는 하였으나 프로그램의 내용과 진행상의 문제점 등을 파악하여 완성도를 높이는 것은 중요한 일이라 예비 프로그램 실시와 관련한 단계를 배치하였다. 개발된 프로그램의 내용과 구성이 도달하고자 하는 목표 및 목적에 부합하는지, 진행과정에서의 문제점은 없는지, 학생들의 흥미와 욕구를 제대로 반영하고 있는지, 학생들의 만족도는 어떠한지 등에 대한 전반적인 평가를 해봄으로써 여러 미비점을 수정하고 보완하여 최종 프로그램을 구체화 시키고자 하였다.

다섯째, 본 프로그램은 기본적으로 셀프리더십 전략을 바탕으로 개발되었다. 셀프리더십은 스스로 자신을 리드하기 위한 행동 및 사고방식에 초점을 둔 일련의 전략들로 구성되어 있다 (Manz & Sims, 2001). 학생들을 대상으로 하는 기존 프로그램을 셀프리더십 전략을 중심으로 살펴본 결과, 공통적으로 자기목표설정과 자기보상 전략이 사용되었으나, 내적보상을 전략으로 사용한 연구는 미흡하였다. 박명숙, 천성문(2007)의 연구에는 자기이해, 자기표현, 문제해결 전략을 프로그램에 추가 적용하였고, 이인희, 김민정, 정정희(2013)의 연구에는 자기긍정, 자기억제, 문제해결, 감성교류 전략을 추가 적용하였으며, 다른 프로그램과는 다르게 학습전략이 포함되어 있다. 김소령(2006)의 연구에서는 보상전략을 포함하였으나 내재적 보상에 대한 내용이 포함되지는 않았다. 셀프리더십은 자신의 가치 있는 삶의 목표를 세워 이를 행동으로 실천하는 것이 중요하며 습관화시키려는 개인의 노력이 필요하다. 따라서 프로그램 활동내용은 자기동기부여를 바탕으로 이를 습관화하기 위한 전략들이 포함되어야 한다. 본 연구에서 개발하고자 하는 프로그램에서는 셀프리더십의 행동적, 인지적 측면의 전략과 내적보상 관련 전략을 모두 사용하여 습관화를 유지하는 데 도움을 주고자 하였다.

여섯째, 본 프로그램은 직관과 도구활용 중심의 체험형 활동이라는 특징을 가지고 있다. 이는 기존 프로그램에서는 찾아볼 수 없는 본 프로그램만의 독특하고 차별적인 부분으로 나침반과 자석이라는 도구를 활용하여 직관적으로 자신의 활동 결과들을 인식함으로써 인지와 행동의 변화를 촉진시킬 수 있도록 구성하였다. 총 10회기 동안 유기적으로 연계된 활동을 통하여 셀프리더십과 진로준비행동의 향상을 위한 실천적인 변화를 습관화 하는데 주안점을 두었다. 더불어 5D(Dream, Discovery, Development, Decision, Do) 모형을 적용하여 행동변화를 위한 각인효과를 거두고자 하였다. 이는 셀프리더십의 기본인 '스스로 동기를 부여할 수 있는' 단서 역할을 할 것으로 기대하였다. 5D모형의 단계에 따라 초기(Dream, Discovery)단계에서는 학생들이 자신의 성격특성을 이해하고, 진로목표를 탐색하여 바람직한 삶의 설계 필요성을 인식할 수 있도록 하였다. 특히, 이 단계에서는 집단 활동에 긍정적으로 참여할 수 있도록 학생들 간의 친밀감 형성과 집단 활동을 위한 분위기 조성에도 유의하였다. 이는 집단원 상호간의 신뢰감과 활동에 대한 몰입감 형성을 유도하기 위함이다. 중기(Development, Decision)단계에서는 진로목표를 설계하고, 모둠원들의 도움을 받아 진로와 관련한 정보탐색 방안을 확장하도록 하였다. 최종 선택은 자신의 의지와 결심·결정으로 실행 가능한 방안을 마련하여 자신만의 목표달성 활동들을 계획하고 실행으로 옮기는 것이다. 특히, 이 부분에서는 자기 성격의 강점을 활용하여 스스로 진로준비행동 환경을 조성하는 것이 자신의 변화를 위한 밑거름이 된다. 또한, 목표 달성 실패 원인을 분석하고, 성공을 높이기 위한 방법을 구상하여 적용하도록 하였다. 이 단계에서는 문제해결능력 및 재설계능력 등 실행능력을 키우는 데 중점을 두었다. 더불어 프로그램 종결 후에도 지속적인 행동유지를 위하여 내적보상 전략들을 사용하도록 하였다. 종결(Do)단계에서는 자신의 목표를 이루기 위해 행동과 생각을 변화시키면서 자신을 올바른 방향으로 이끌어 가도록 내면화·습관화 시키는 것이 목적이다. 이는 꿈을 실현하기 위한 셀프리더가 될 수 있도록 변화의지를 심어줄 것이라 판단하였다.

마지막으로 프로그램 참여 만족도를 분석한 결과, 전체적으로 학생들의 평가 결과는 셀프리더십 프로그램과 프로그램 참여를 긍정적으로 지각하는 것으로 나타났다. 프로그램 참여 기간 항목은 5점 만점에 평균 4.29점, 프로그램 내용 만족도는 4.14점, 프로그램을 통해 얻은 것은 4점, 프로그램 진행 방법에 대한 만족도는 4.14점으로 응답하였다. 가장 좋았던 활동으로는 9회기 '30년 후 성공담'으로 응답하였고, 기타 하고 싶은 말에는 '프로그램이 매우 만족스러웠다', '자신의 꿈을 위해 계속 노력하는 사람이 되겠다', '시간이 짧았다'는 내용이 있었다. 셀프리더십 프로그램 만족도와 소감문 작성에 참여했던 학생들 중에는 10회기의 프로그램에 모두 참여했던 학생 5명과 10회기 중 6회기 동안 참여했던 2명의 학생이 있었음을 감안할 때 셀프리더십 프로그램은 학생들에게 만족도가 비교적 높다고 할 수 있다. 이러한 결과는 주로 과학시간에만 사용했던 나침반과 자석이라는 도구를 프로그램에 사용하여 학생들의 흥미를 유발했다는 것도 있겠지만 자신의 진로에 대해서 피상적으로만 생각해 왔던 학생들에게 진로에 대해서 진지하고 구체적으로 생각할 수 있도록 단계별 접근을 시도한 본 프로그램 구성의 효과라고 할 수 있다. 특히 몇몇 학생은 본 프로그램으로 인하여 자신의 진로에 대해서 깊은 생각을 할 수 있었으며, 프로그램 회기가 좀 더 길었으면 좋겠다고 하면서 본 프로그램과 같은 프로그램 참여 기회가 확대되기를 희망하였다. 학생들의 학교 공부와 학원 공부로 평일에 시간을 내기가 어려워 주말을 이용하여 프로그램을 진행하였다. 그러나 프로그램 참여를 희망했던 학생들도 주말 역시 학원 공부를 해야 하는 상황이라 실제적인 프로그램 참여가 쉽지는 않았다는 것을 감안할 때 고등학교시기에 진로준비행동을 할 수 있는 제도적 뒷받침이 시급해 보인다.

이상을 토대로 본 연구의 교육적 의의를 살펴보면 다음과 같다. 첫째, 청소년의 진로준비행동 향상을 위한 셀프리더십 프로그램이라는 점이다. 아직까지 국내외에 진로준비행동 향상을 위한 셀프리더십 프로그램이 개발되어 있지 않은 상황에서 이를 위한 프로그램을 개발하고 그 효과를 검증한 연구라는 점에서 큰 의의가 있다. 많은 청소년들이 대학입시에 치중되어 자신의 진로에 대해서 깊은 고민을 못하고 성장하여 뒤늦게 혼란을 겪는 사례가 적지 않다. 본 연구는 자신의 적성과 능력에 맞는 합리적이고 올바른 진로를 결정하고 그 결정사항을 실행하기 위한 노력을 할 수 있는 진로준비행동을 향상시켜 자신의 꿈을 실현할 수 있도록 도와주는 데 목적이 있었다. 이를 위해 고등학생을 중심으로 연구가 진행되었지만 이후 다른 청소년들을 대상으로 실시할 때에도 그 효과가 있을 것이라 기대한다.

둘째, Manz와 Sims(2001)는 셀프리더십은 타고난 소수의 사람들에게서만 보여지는 특성이 아니라 어느 정도는 누구에게서나 발휘될 수 있고, 효과적인 셀프리더십은 학습에 의해서 습득될 수 있다고 가정하고 있다. 이러한 측면에서 셀프리더십은 노력에 의해 자신의 삶을 보다 더 주체적으로 이끌어 가는데 필요한 변인으로 작용할 수 있다. 특히 청소년들에게 셀프리더십을 키워주는 일은 자신의 삶을 보다 능동적으로 설계하고, 목표를 이루기 위해 행동을 변화시킴으로써 스스로의 삶을 만들어 갈 수 있는 역량을 키워줄 수 있기 때문에 중요하다. 본 연구에서 개발된 셀프리더십 프로그램은 소수의 학생들을 위한 프로그램이 아니라 일반 청소년들을 위해서 개발된 프로그램이다. 따라서 학습에 의해 효과적인 셀프리더십이 습득될 수 있도록 인식의 변환을 가져왔다는 데서 그 의의를 찾을 수 있겠다.

셋째, 청소년 시기는 진로와 직업을 탐색하고 준비하는 시기이다. 국외 사례에서도 최근 청소년들에게 적성과 소질에 맞는 진로를 탐색할 수 있는 계기를 제공하는 추세(예 스웨덴 진로 체험 학습 등)이다. 우리나라도 이러한 변화에 발맞춰 '꿈과 끼를 키우는 행복한 학교 교육' 실현을 위한 중학교의 '자유학기제'가 2013년부터 추진되고 있는 것을 감안할 때 본 연구에서 개발된 프로그램이 자유학기 진로탐색 모형 등에 활용될 수 있을 것이고, 이는 청소년의 꿈과 끼를 키우는데 도움이 될 것으로 기대한다.

나. 프로그램 효과

본 연구에서 개발한 셀프리더십 프로그램이 셀프리더십, 자아존중감, 진로준비행동 향상에 미치는 효과, 그리고 성격유형별 셀프리더십, 자아존중감, 진로준비행동에 미치는 효과에 대해서 논의하면 다음과 같다.

(1) 셀프리더십 프로그램이 셀프리더십에 미치는 효과

집단과 검사 시기에 따른 셀프리더십 점수의 수준 차이 및 프로그램 실행 전과 후, 그리고 효과의 지속정도를 알아보기 위해 반복측정 분산분석을 실시한 결과, 실험집단과 통제집단의 집단 간 주효과는 통계적으로 유의하지 않았으나 집단과 검사 시기에 따른 상호작용효과가 있는 것으로 나타났다($F=4.621$, $p=0.02<\alpha=0.05$). 즉, 사전, 사후, 추후검사와 집단에 따른 셀프리더십의 차이가 있음을 알 수 있었다. 또한, 표본의 크기가 작은 것을 고려하여 셀프리더십에 대한 Friedman 검정 및 Kendall의 W 검정을 실시한 결과, 실험집단에서 셀프리더십 사전, 사후, 추후의 순위 차이가 통계적으로 유의하게 나왔다. 그러나 통제집단은 통계적으로 유의하지 않았다. 사후검사와 추후검사에서 실험집단의 셀프리더십이 통제집단보다 높게 나타난 결과와 실험집단에서 사후검사와 추후검사가 사전에 비해 더 높게 나타난 결과는 프로그램이 효과적이고 그 효과는 추후까지도 지속된다는 것을 의미한다. 셀프리더십 프로그램에 참여한 실험집단의 학생들은 프로그램에 참여하지 않은 통제집단의 학생들에 비해 셀프리더십 사후와 추후검사에서 긍정적인 효과를 나타냈다고 할 수 있다.

이러한 결과는 셀프리더십 프로그램이 셀프리더십 향상에 효과가 있었다는 선행연구들(고현덕, 2007 ; 김소령, 2006 ; 김영아, 2011 ; 문영미, 2008 ; 박경희, 2013 ; 박명숙, 2006 ; 양귀순, 2010 ; 장해숙, 2010 ; 정태희, 2005)과 일치하는 결과이며, 프로그램의 효과가 긍정적으로 나타났음을 보여주는 것이다. 또한, 학습에 의해 셀프리더십이 습득될 수 있다고 가정한 Manz와 Sims(2001)를 지지하는 결과이기도 하다. 셀프리더십 프로그램 실시로 셀프리더십이 향상되었다는 것은 결국 셀프리더십 전략들이 구체적이고 직접적인 활동으로 프로그램에 적절히 투입되었고 이 활동들이 프로그램에 참여하는 학생들의 셀프리더십을 향상시키는데 효과적이었음을 나타내주는 것이다.

⑵ 셀프리더십 프로그램이 자아존중감에 미치는 효과

집단과 검사 시기에 따른 자아존중감 점수의 수준 차이 및 프로그램 실행 전과 후, 그리고 효과의 지속정도를 알아보기 위해 반복측정 분산분석을 실시한 결과, 집단에 따른 자아존중감의 유의한 변화는 없는 것으로 나타났다. 사전, 사후, 추후검사에 따른 자아존중감의 차이도 통계적으로 유의하지 않았고, 검사 시기와 집단에 따른 자아존중감의 차이도 없는 것으로 나타났다. 다만, 통계적으로 유의하지는 않았으나 실험집단은 검사 시기에 따라 사전, 사후, 추후의 점수가 증가하였고, 통제집단에서는 사전, 사후, 추후의 점수가 감소하였다. 그리고 사후와 추후에 실험집단의 점수가 통제집단보다 높게 나타난 것은 다소 미미하기는 하나 프로그램의 효과라고 할 수 있겠다.

셀프리더십 프로그램이 자아존중감을 향상시켰다는 선행연구들(고은옥, 2006 ; 권영웅, 2004 ; 박명숙, 2008 ; 박철용, 2014 ; 장해숙, 2010 ; 정태희, 2005)과 달리 본 연구에서 자아존중감 수준이 통계적으로 유의하지 않은 것은 여러 요인이 있다. 첫째, 사전검사에서 실험집단(M=3.17)과 통제집단(M=3.26)의 자아존중감 수준이 이미 높은 학생들이었다는 점이다. 자아존중감은 4점 척도로 측정한 점수로 실험집단 사후점수(M=3.36), 통제집단 사후점수(M=3.21)가 통계적으로 유의한 차이는 보이지 않았으나 이미 자신에 대해서 긍정적인 평가를 하고 있는 학생들이었음을 감안하면 자아존중감에서의 큰 변화는 없는 것이 일반적인 상황일 것이다. 둘째, 프로그램의 집중 실시로 인한 짧은 기간에 연유했을 가능성이 있다. 본 프로그램이 금요일 오후 2회기, 2주에 걸친 토요일 오전 4회기씩 집중해서 운영되었다는 점에 비춰볼 때 자신에 대한 정서적인 평가를 변화시키기에는 프로그램 실시기간이 짧았다고 판단된다.

⑶ 셀프리더십 프로그램이 진로준비행동에 미치는 효과

집단과 검사 시기에 따른 진로준비행동 점수의 수준 차이 및 프로그램 실행 전과 후, 그리고 효과의 지속정도를 알아보기 위해 반복측정 분산분석을 실시한 결과, 검사 시기에 있어서는 유의확률이 0.000으로 유의수준 0.1%에서 진로준비행동 수준에 차이가 있는 것으로 나타났다 ($F=11.264$, $p=0.000<\alpha=0.001$). 집단과 검사 시기의 상호작용에서도 유의확률이 0.015로 유의수준 5%에서 검사시기의 변화와 집단에 따라 진로준비행동의 수준이 차이가 있는 것으로 나타났다($F=5.006$, $p=0.015<\alpha=0.05$). 진로준비행동에 대한 Friedman 검정 및 Kendall의 W 검정을 실시한 결과 실험집단에서 진로준비행동의 사전, 사후, 추후의 차이가 통계적으로 유의하게 나왔다. 사후와 추후 실험집단의 진로준비행동 점수가 통제집단보다 높게 나타난 결과와 실험집단의 시기별 분석결과 사전에 비해 사후와 추후에 점수가 유의하게 증가한 결과는 프로그램이 효과적이고 그 효과는 추후까지도 지속된다는 것을 의미한다. 진로준비행동이 어떻게 증가할 것인지 알아보기 위해 추세검증을 실시한 결과에서도 추세변화가 유의확률 .003으로 $F=13.138$, $p<.01$ 수준에서 유의한 것으로 나타났다.

이러한 결과는 셀프리더십이 진로준비행동에 긍정적인 영향을 미치는 것으로 나타난 선행연구들(남기연, 2010 ; 송한나, 2013 ; 이종찬, 2013)과 일치하는 결과이다. 본 연구에서 개발한 프로그램은 진로준비행동 향상에 초점이 맞추어져 있다. 진로에 대해서 많은 고민을 하게 되는 청소년들에게 진로준비행동은 중요한 일이다. 진로목표를 세우고 그에 따른 진로결정을 하더라도 진로준비행동을 하지 않으면 그 목표를 달성하는데 어려움이 따르기 때문이다. 이런 의미에서 본 프로그램이 진로준비행동 향상에 효과적이었음은 향후 다른 청소년들을 대상으로 진로준비행동 향상을 위한 셀프리더십 프로그램의 접근과 개입의 가능성을 보여주는 의미있는 결과라 할 수 있다.

⑷ 셀프리더십 프로그램이 성격유형별 셀프리더십, 자아존중감, 진로준비행동에 미치는 효과

셀프리더십 프로그램이 성격유형별 셀프리더십, 자아존중감, 진로준비행동에 미치는 효과를 알아보기 위하여 예비프로그램과 본프로그램에 참여했던 연구대상자들을 지문의 특징에 따라 loop형, whor형, 기타유형으로 구분하여 사전검사와 사후검사의 점수를 비교하였다. Kruskal-Wallis Test 결과, 사전, 사후 자아존중감, 셀프리더십, 진로준비행동에 대한 성격유형별 평균점수의 차이는 통계적으로 유의하지 않았다. 다만, 각 성격유형별 사전과 사후를 비교했을 때,

loop형에서 자아존중감이 통계적으로 유의한 차이가 있었다($Z=-2.035$, $p<.05$). 즉, loop형에서 프로그램 시행 후 자아존중감 점수가 유의하게 향상되었다고 할 수 있다. loop형은 감성이 풍부하고 협력과 칭찬이 중요하게 작용하는 성격유형이라는 점을 감안하면 본 프로그램이 자아존중감 향상에 효과적으로 기여했을 것이라 판단된다. 프로그램 진행 시 매 회기마다 느낌나누기를 하면서 서로에 대해 공감하는 시간들과 서로를 향한 진심어린 칭찬들이 감성이 풍부한 loop형의 자아존중감 향상에 도움이 되었을 것이라 여겨진다.

Williams(1997)는 다양한 성격특성이 셀프리더십과 관련이 있다고 하였고, 성인들을 대상으로 한 성격특성과 셀프리더십의 관계를 연구한 김정자(2010)는 개인의 성격 특성이 셀프리더십의 효과성에 영향을 미치는 중요한 요인임을 입증하였다. 반면, 셀프리더십 연구자들 중 일부(Neck et al, 1992 ; Neck et al, 1995)는 성격특성이 셀프리더십 효과에 영향을 미치지 않을 것이라고 하였다. 본 연구에서도 성격유형별 셀프리더십에 차이가 없는 것으로 나타나 이를 지지한다고 할 수 있다. 그러나 본 연구에서는 표본의 크기가 작아 성격유형 분류 및 셀프리더십 하위요인별 분석에 제한점을 갖는다는 한계점이 있다. 대표본일 경우 좀 더 세밀한 성격유형 분류가 가능하고, 성격유형이 셀프리더십의 하위차원에 미치는 영향을 분석한다면 또 다른 결과가 나올 수 있다고 생각한다.

09
결론

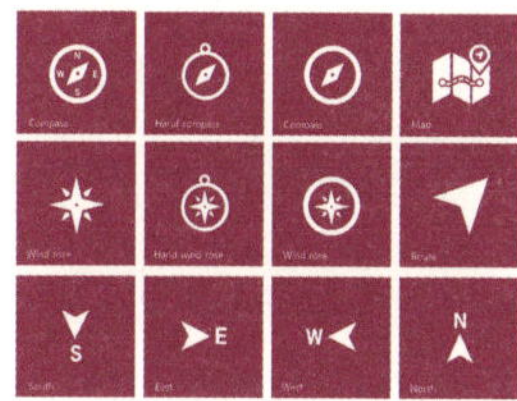

　본 연구는 청소년의 진로준비행동 향상을 위한 셀프리더십 프로그램을 개발하고, 개발된 셀프리더십 프로그램의 적용 효과를 검증하고자 했다. 이러한 목적을 달성하기 위해 셀프리더십 프로그램 개발 절차 모형을 개발하여 연구를 진행하였고, 프로그램의 내용은 셀프리더십 전략을 바탕으로 10회의 전문가 협의를 거쳐 선정하고 구성하였다. 또한, 프로그램을 타당하게 구현하기 위하여 5D모형을 개발하여 프로그램의 위계체계를 한 눈에 볼 수 있도록 하였고, 각 단계의 목적과 목표에 가장 효과적으로 도달할 수 있는 활동들을 고안하여 최종 10회기의 프로그램을 완성하였다.

　셀프리더십 프로그램의 효과성 여부와 진행상의 문제점을 파악하기 위하여 실시한 예비 실험에서는 서울 소재 일반 고등학교 2, 3학년 학생을 실험집단 8명, 통제집단 9명으로 무선 배치하여 실험집단 학생들을 대상으로 2014년 10월 18일과 10월 25일 토요일 2일 동안 집중적으로 프로그램을 실시하였다. 그 결과 셀프리더십에서 유의미한 효과가 나타났다. 예비 실험에서의 결과들을 바탕으로 수정·보완하여 최종 프로그램을 개발하여 본 연구를 실시하였다. 본 연구에서는 서울 소재 H고등학교 1학년 남학생들이 참여하였다. 14명의 학생을 실험집단과 통제집단에 7명씩 무선 배정하여 실험집단에는 프로그램을 실시하였고, 통제집단은 아무 처치도 하지 않았다. 프로그램은 2014년 11월 14일 1~2회기, 11월 15일 3~6회기, 11월 22일 7~10회기, 매 회기 45분씩 총 10회기가 진행되었으나 10회기 모두 참여한 학생은 5명이었고 2명은 6회기

동안만 참여했다. 실험집단과 통제집단 학생들에게는 프로그램 실시 전 사전검사와 프로그램 종료 직후 사후검사, 프로그램 종결 약 3주 후 추후검사를 실시하여 SPSS 21을 통해 통계처리하였다.

셀프리더십 프로그램이 셀프리더십, 자아존중감, 진로준비행동에 미치는 효과를 알아보기 위하여 집단과 시기에 따른 각 변인들의 평균과 표준편차를 분석하였다. 자료처리를 위한 통계 방법으로는 집단(실험, 통제)×검사 실시시기(사전, 사후, 추후)에 따른 반복측정 분산분석과 표본의 크기가 작은 것을 고려한 비모수 검정을 실시하였다. 그리고 실험집단 학생들을 대상으로 소감문과 만족도 조사를 실시하여 만족도 분석을 하였다.

본 연구의 결과는 다음과 같다.
첫째, 셀프리더십 프로그램에 참여한 실험집단 학생들은 사전에 비해 사후와 추후에 셀프리더십 점수가 통계적으로 유의하게 향상되었으나 프로그램에 참여하지 않은 통제집단 학생들은 통계적으로 유의하지 않았다.
둘째, 통계적으로 유의하지는 않았으나 프로그램에 참여한 실험집단 학생들은 자아존중감 점수가 검사 시기에 따라 사전보다 사후와 추후에 향상되었다. 그러나 프로그램에 참여하지 않은 통제집단 학생들은 사전보다 사후와 추후에 점수가 감소하였다.
셋째, 셀프리더십 프로그램에 참여한 실험집단 학생들은 진로준비행동 점수가 사후와 추후에 통계적으로 유의하게 향상되었으나 프로그램에 참여하지 않은 통제집단 학생들은 통계적으로 유의하지 않았다.
넷째, 성격유형별 셀프리더십, 자아존중감, 진로준비행동에 대한 사전검사와 사후검사 평균 점수의 차이는 통계적으로 유의하지 않았다. 다만, 각 성격유형별 사전과 사후를 비교했을 때, loop형에서 자아존중감이 통계적으로 유의하게 향상되었다.
마지막으로 프로그램 참여 만족도를 분석한 결과, 전체적으로 학생들의 평가 결과는 셀프리더십 프로그램과 프로그램 참여를 긍정적으로 지각하는 것으로 나타났다.

결론적으로 본 연구에서 개발한 셀프리더십 프로그램은 청소년의 셀프리더십과 진로준비행동 향상에 긍정적인 효과가 있음을 알 수 있다. 이는 셀프리더십 프로그램을 통하여 셀프리더십 구성요소인 자기목표설정, 단서관리, 예행연습, 자기관찰, 자기보상, 자기처벌, 내적보상, 건설적 사고 등의 영역이 학습을 통하여 획득될 수 있음을 알 수 있는 것이고, 셀프리더십은 개인이 스스로 자신에게 영향력을 행사하는 방법에 대한 인지적, 행동적 부분을 포괄하는 개념으로 누구나 학습을 통하여 셀프리더십을 개발할 수 있다고 한 Manz(1998)의 의견과 일치하는 부분이기도 하다.

 또한, 자신의 목표 달성을 위하여 자신에게 스스로 동기를 부여하면서 자신에게 영향력을 미치는 것이 셀프리더십이기 때문에 진로준비행동을 위한 행동지향적 전략, 내적보상을 통한 전략, 건설적인 사고 전략 등을 적절히 활용하면 진로준비행동을 향상시키는데 효과적으로 작용할 것이라 판단하여 개발한 본 프로그램이 실질적으로 진로준비행동을 향상시키는데 적합한 자료임이 검증되었다. 본 연구에서 개발된 프로그램이 많은 청소년들의 셀프리더십과 진로준비행동을 향상시키는데 유용하게 사용되기를 기대한다.

 본 연구에서 개발한 프로그램이 긍정적인 효과가 있음에도 불구하고 본 연구는 몇 가지 제한점을 갖는다. 제한점을 토대로 후속 연구를 위한 제언을 하면 다음과 같다.
 첫째, 본 연구는 서울 소재 1개 고등학교의 남학생들을 연구대상으로 표집하였고, 표본의 크기도 작았다. 후속 연구에서는 성별, 표본의 크기 및 지역을 고려하여 안정적인 결과를 확인할 필요가 있다.
 둘째, 본 연구에서는 셀프리더십 프로그램이 자아존중감에 미치는 효과가 여러 선행연구들과 일치하지 않은 결과가 나왔다. 추후 심층적인 연구를 통해 원인을 분석하고 이를 보완하는 프로그램 개발이 요구된다. 더구나 다른 변인들과 달리 예비 프로그램과 본 프로그램 실시에 측정한 자아존중감 수준의 차이가 지역별(혹은 학생 집단별 차이)로 크게 나타나고 있어 후속 연구에서는 이를 고려하여 자아존중감을 향상시킬 수 있는 내용적인 보완과정이 이루어져야 할 것이다.
 셋째, 프로그램 진행에 있어서 여러 여건상 10회기의 프로그램을 단시간에 집중해서 실시하였다. 이월효과와 잔류효과가 없도록 각 처리의 간격을 충분히 해야 하나 그러지 못한 것은 제한점으로 남는다. 특히 진로준비행동은 단시간에 이루어지는 것이 아니기 때문에 후속 연구에서는 이를 고려하여 적절한 간격을 두고 프로그램을 실시하여 측정하고 그 효과성을 살펴볼 필요가 있다.

고은옥(2006). 자기리더십 프로그램이 초등학생의 진로성숙 및 자아존중감에 미치는 영향. 국민대학교 석사학위논문.

고현덕(2007). 중학교 영재학생의 Self-Leadership 함양을 위한 프로그램의 효과 분석. 건국대학교 석사학위논문.

곽춘연(2006). 자기 리더십 프로그램이 초등학교 아동의 사회성 향상에 미치는 효과. 울산대학교 교육대학원 석사학위 논문.

구영혜(2010). 초등학생의 정서지능과 서번트 리더십 향상을 위한 집단상담프로그램 개발. 한국교원대학교 석사학위 논문.

권영웅(2004). 리더십 증진 프로그램이 초등학생의 리더십 기술 인식과 자기 존중감에 미치는 효과. 한국교원대학교 석사학위논문.

김경일(2014). 나의 잠재력을 찾는 생각의 비밀코드 지혜의 심리학. 서울 : 진성북스.

김봉환(1997). 대학생의 진로결정수준과 진로준비행동의 발달 및 이차원적 유형화. 서울대학교 박사학위논문.

김봉환, 김계현(1997). 대학생의 진로결정수준과 진로준비행동의 발달 및 이차원적 유형화. 한국심리학회지: 상담과 심리치료, 9(1), 311-333.

김소령(2006). 셀프리더십 훈련 프로그램이 초등학교 아동의 리더십과 자기효능감에 미치는 효과. 한국교원대학교 석사학위논문.

김영아(2011). 셀프리더십 프로그램이 초등학생의 셀프리더십 및 자아개념에 미치는 효과. 부산교육대학교 석사학위논문.

김정자(2010). 성격특성과 셀프리더십의 관계에 관한 연구. 울산대학교 박사학위논문.

김주희(2010). 초등학생 크리스천 리더십 프로그램 효과에 관한 연구. 숙명여자대학교 석사학위논문.

김지원(2012). 리더십 캠프 프로그램이 청소년의 리더십과 자아정체감에 미치는 효과. 영남대학교 석사학위논문.

김현수, 조윤상, 박진아(2010). 피문학을 통한 DNA. 지문측정에 의한 다중지능 조사연구. 한국정신과학학회지, 14(1), 1-39.

남기연(2010). 청소년의 셀프리더십이 진로준비행동에 미치는 영향. 숙명여자대학교 석사학위
논문.

노혜경(2007). 인성 중심의 리더십 증진 프로그램이 초등학생의 자아개념과 인간관계에 미치
는 효과. 가톨릭대학교 석사학위논문.

도성희(2010). 자기 리더십향상 프로그램이 고등학생의 자아개념과 사회성에 미치는 영향.
한국교원대학교 석사학위논문.

류연자(2012). 리더십 훈련 프로그램이 초등학생의 자기표현능력 및 사회성 발달에 미치는 효
과. 전남대학교 석사학위논문.

문선우(2013). 홀로그램적 관점에서의 지문패턴과 사주십성이론과의 상관성 연구 : 성격과 진
로선택을 중심으로. 공주대학교 석사학위논문.

문영금(2010). 활동중심 리더십 향상 집단지도 프로그램이 초등학생의 리더십 및 자아효능감
에 미치는 영향. 공주교육대학교 석사학위논문.

문영미(2008). 셀프리더십 집단상담 프로그램이 전문계 고등학생의 리더십 및 학교 적응에 미
치는 영향. 경기대학교 석사학위논문.

박경희(2013). 셀프리더십 훈련 프로그램이 영재학생의 리더십기술, 행복감 및 자기주도학습
에 미치는 효과. 경성대학교 석사학위 청구논문.

박명숙(2006). 중학생을 위한 셀프 리더십 프로그램의 개발과 효과. 경성대학교 석사학위논문.

박명숙, 천성문(2007). 중학생을 위한 셀프 리더십 프로그램의 개발과 효과. 동서양심리치료,
10(1), 49-64.

박명심(2007). 고등학생용 진로자기효능감 향상 프로그램 개발. 경북대학교 박사학위논문.

박영미(2010). 리더십 증진 프로그램이 초등학생의 자기효능감과 대인관계에 미치는 효과. 한
국교원대학교 석사학위논문.

박용석(2013). 셀프리더십 프로그램이 고등학생의 심리적 안녕감에 미치는 효과. 청소년학연
구, 20(1), 1-24.

박철용(2014). 대학생의 셀프리더십과 자아존중감의 관계. 한국체육학회지, 53(2), 137-149.

배수영(2007). 자기리더십 프로그램이 초등학생의 자아개념에 미치는 영향. 아주대학교 석사학
위논문.

변창진(1994). 프로그램 개발. 대구 : 홍익출판사.

송한나(2013). 대학생의 셀프리더십이 진로준비행동에 미치는 영향과 자기효능감의 매개효과. 중앙대학교 석사학위논문.

신용국, 김명소, 한영석(2009). 셀프리더십 척도 타당화 연구: 우리나라 대학생을 중심으로. 한국심리학회지 : 학교, 6(3), 313-340.

양귀순(2010). 초등학생의 자기리더십 향상을 위한 집단상담 프로그램 개발. 한국교원대학교 석사학위논문.

우성은 (2009). 리더십 향상 프로그램이 초등학생의 사회성과 자기효능감에 미치는 영향. 공주교육대학교 석사학위논문.

윤금순(2008). 리더십 프로그램이 전문계 여자고등학생의 자아존중감과 진로성숙도에 미치는 효과. 울산대학교 석사학위논문.

이무상(2008). 현실요법을 적용한 중학생의 리더십 생활기술 증진 학급단위 집단상담 프로그램 개발. 한국교원대학교 석사학위논문.

이상훈(2012). 리더십코칭프로그램이 대학생 멘토 자원봉사자의 자기효능감 및 리더십생활기술에 미치는 효과. 광운대학교 석사학위논문.

이수원 외(1993). 개정판 심리학 인간의 이해. 서울 : 정민사.

이숙영(2003). 국내 집단상담 프로그램 개발의 현황 및 효과적인 프로그램 개발 관련 요인. 상담학연구, 4, 53-67.

이용재(2007). 1등 아이는 타고난 지문부터 다르다. 서울 : 박문각.

이인희, 김민정, 정정희(2013). 셀프리더십 프로그램이 저소득층 아동의 리더십과 자아존중감 증진에 미치는 효과. 어린이문학교육연구, 14(4), 773-795.

이제경(2002). 한국대학생의 취업준비행동: 심리적 특성 및 개인배경변인을 중심으로. 서울대학교 박사학위논문.

이종찬(2013). 대학생의 셀프리더십이 진로준비행동에 미치는 영향: 진로결정자기효능감과 고용가능성의 매개효과. 중앙대학교 박사학위논문.

이현아(2011). 영재 리더십 프로그램이 과학영재들의 리더십 생활기술과 사회성숙도에 미치는 영향. 경성대학교 석사학위논문.

임은미, 이명숙(2003). 대학생의 진로자기효능감과 진로준비행동 간의 관계 분석. 학생상담연구, 1, 101-113.

장해숙(2010). 고등학생 셀프 리더십 프로그램 개발 및 적용 효과. 영남대학교 박사학위논문.

장해숙, 이윤주(2010). 고등학생 셀프리더십 프로그램 개발 및 적용효과. 상담학연구, 11(3), 1053-1073.

정성혜(2006). 초등학교 리더십교육프로그램이 리더십생활기술 증진에 미치는 효과. 부산교육대학교 석사학위논문.

정유정, 이혜상, 김규수(2008). 유아 셀프리더십 프로그램이 유아의 셀프리더십과 자아개념에 미치는 영향. 열린유아교육연구, 6(13), 277-293.

정의숙(2009). 리더십 증진 프로그램이 초등학생의 리더십 생활기술과 성취동기에 미치는 효과. 공주교육대학교 석사학위논문.

정충기(2009). 초등 영재 학생을 위한 리더십 프로그램 개발. 인천대학교 석사학위논문.

정태희(2005). 셀프리더십 교육이 대학생의 셀프리더십과 자존감 증진에 미치는 효과. 한국교육, 32(1), 223-248.

조은숙(2009). 코칭 기반 리더십 증진 프로그램의 경험이 청소년의 리더십 기술과 자기효능감에 미치는 효과. 공주대학교 석사학위논문.

조홍림(2009). 영재 리더십 프로그램이 초등학생 리더십 향상에 미치는 효과. 명지대학교 석사학위논문.

주현경(2008). 창작무용활동 중심 초등학생 리더십 교육 프로그램 개발 연구. 숙명여자대학교 박사학위논문.

최동선(2003). 대학생의 진로탐색행동과 동기 요인 및 애착의 관계 분석. 서울대학교 박사학위논문.

최미례(2000). 스트레스와 우울의 관계에 대한 자아존중감의 중재효과와 매개효과. 중앙대학교 대학원 박사학위 청구논문.

최수미(2009). 청소년의 자아존중감과 진로태도성숙 발달에 관한 4년 종단연구. 상담학연구, 10(4), 2257-2271.

최은희(2008). 리더십 향상 집단지도 프로그램이 초등학생의 리더십 생활기술 및 학교생활 적응에 미치는 영향. 공주교육대학교 석사학위논문.

마고트 슈미츠, 미하엘 슈미츠(2011). 화내지 않고 휘둘리지 않고 내 감정 사용하는 법. 엄양선 역. 경기 : 21세기북스.

Tal Ben-Shahar(2013). 행복을 미루지 마라. 권오열 역. 서울 : 와이즈베리.

Allport, G. W. (1961). *Pattern and Growth in Personality*. New York: Holt, Rinehart and Winston, p.135.

Blau, G. (1994). Testing a two-dimension measure of job search behavior. *Organizational Behavior and Human Decision Process, 59*(2), 288-312.

Blau, G., & Linnehan, F. (1998). Exploring the emotional side of job search behavior for younger workforce entrants. *Journal of Employment Counseling, 35*(3), 98-113.

Caprara, G. V., Alessandri, G., Barbaranelli, C., & Vecchione, M. (2013). The longitudinal relations between self-esteem and affective self-regulatory efficacy. *Journal of Research in Personality, 47*, 859-870.

Guilford, J. P., & Fruchter, B. (1981). Fundamental statistics in psychology and education, New York : McGraw-Hill.

Houghton, J. D., Bonham, T. W., Neck, C. P., & Singh, K. (2004), The relationship between self-leadership and personality. *Journal of Managerial Psychology, 19*(4), 427-441.

Jordaan, J. P. (1963). Exploratory behavior: The formation of self and occupational concept, In D. E. Super, R. Statishersky, N. Mattin, & J. P. jordaan (Eds.), *Career development : Self concept theory* (pp. 42-48). New York: College Entrance Examination Board.

Lopez, S. J., & Snyder, C. R. (2008). *Positive psychological assessment: A handbook of models and measures*. 이희경, 이영호, 조성호, 남종호(역). 긍정심리평가 : 모델과 측정. 서울 : 학지사. (원서출판 2003).

Makikangas, A., Kinnunen, U., & Feldt, T. (2004). Self-esteem, dispositional optimism, and health : Evidence from cross-lagged data on employees. *Journal of Research in Personality, 38*, 556-575.

Manz, C. C. (1983). *The art of self-leadership : strategies for personal effectiveness in your life and work*. Englewood Cliffs, NJ : Prentice-Hall.

Manz, C. C. (1986). Self-leadership: Toward an expanded theory of self-influence processes in organization. *Academy of Management Review, 11*(3), 585-600.

Manz, C. C., & Sims, Jr. H. P. (2002). *The new super-leadership*. 김남현(역). 슈퍼리더십. 서울 : 경문사. (원서출판 2001).

Manz, C. C. (1998). *Mastering self-leadership: Empowering yourself for personal excellence*(2nd ed.). Englewood Cliffs, NJ : Prentice-Hall.

Neck, C. P., & Manz, C. C. (1992). Thought self-leadership : the influence of self-talk and mental imagery on performance. *Journal of Organizational Behavior, 13*, 631-699.

Neck, C. P., & Manz, C. C. (1996). Thought self-leadership : The impact of mental strategies training on employee cognition, behavior, and affect. *Journal of Organizational Behavior, 17*, 445-467.

Neck, C. P., Stewart, G., & Manz, C. C. (1995). Thought self-leadership as a framework for enhancing the performance of performance appraisers. *Journal of Applied Behavioral Science, 31*, 278-302.

Prussia, G. E., Anderson, J. S., & Manz, C. C. (1998). Self-leadership and performance outcomes: the mediating influence of self-efficacy. *Journal of Organizational Behavior, 19*(5), 523-538.

Rosenberg, M., Schooler, C., Schoenbach, C., & Rosenberg, F. (1995). Global self-esteem and specific self-esteem : Different concepts, different outcomes. *American Sociological Review, 60*, 141-156.

Slaney, R. B. (1983). Influence of career indecision on treatments exploring the vocational interests of college women. *Journal of Counseling Psychology, 30*(1), 55-63.

Solberg, V. S., Good, G. E., Nord, D., Holm, C., Hohner, R., Zima, N., Heffernan, M., & Malen, N. (1994). Assessing career search expectations: Development and validation of the Career Search Efficacy Scale. *Journal of Career Assessment, 2*(2), 111-123.

Stumpf, S. A., Colarelli, S. M., & Hartman, K. (1983). Development of the Career Exploration Survey (CES). *Journal of Vocational Behavior, 22*(2), 191-226.

Westbrook, B. W., Sanford, E. E., O'Neal, P., Horne, D. F., Fleenor, J., & Garren, R. (1985). Predictive and construct validity of six experimental measures of career maturity. *Journal of Vocational Behavior, 27*(3), 338-355.

Williams, S. (1997). Personality and self-leadership. *Human Resource Management Review, 7*, 139-155.

Part 3

청소년의 진로준비행동 향상을 위한
셀프리더십 프로그램
부 록

진로준비행동 향상을 위한 셀프리더십 프로그램

행복으로 가는 나침반 시리즈 1

- 지금 어디? 5D! -

[1-2회기] 활동 3. 나침반 지도 그리기

별칭 :

[3-4회기] 활동 1. 행복감과 불편감의 두 상황 탐색하기

별칭 :

[3-4회기] 활동 4. 생각과 현실 : +/-

별칭 :

[5-6회기] 꿈의 문장 :

별칭 :

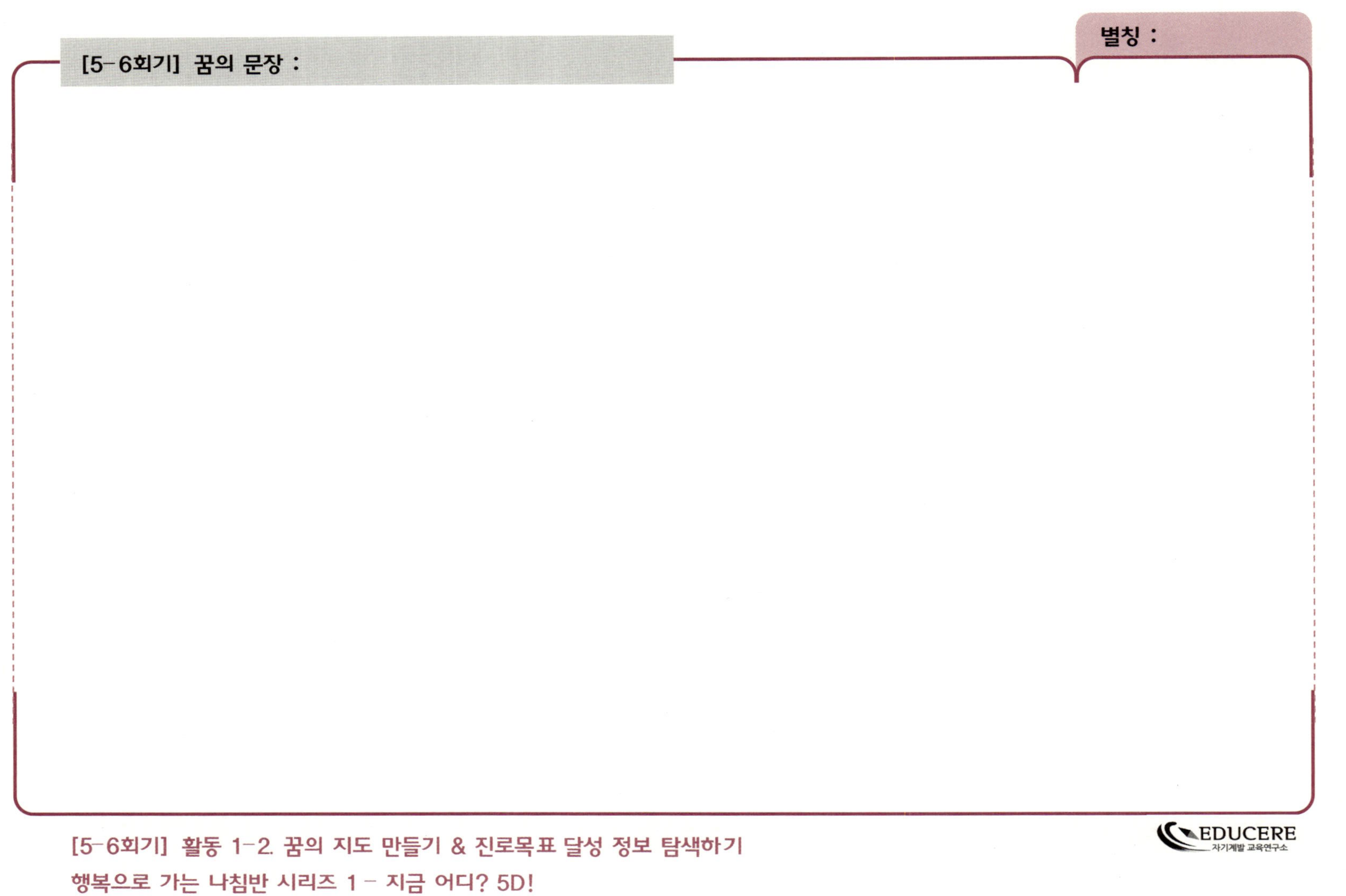

EDUCERE 자기계발 교육연구소

[5-6회기] 활동 3. 진로목표 실행을 위한 활동 계획하기

별칭 :

[5-6회기] 행동수정일지 예시

번호	목표 행동 및 사고	구체적 목표량	구체화된 계획	요일	평가 (점수매기기)	동전던지기 실행여부(○ ×)
1	일찍 자기	11시에 자기 주 3회	10시 45분부터 알람을 5분 간격으로 3회 설정	월화수목금토일	90점	
2	진로 관련 정보 탐색하기	주 2회 1시간씩	방과 후 최신자료 스크랩하고 내가 노력해야 할 사항 점검	월화수목금토일	80점	
3	자기 칭찬하기	하루 1회 이상	"잘했어!", "괜찮아!"하며 나에게 힘 부여하기	월화수목금토일	100점	
4	비합리적인 사고 줄이기 ♣ 예시자료 참고	하루 동안 머릿속에서 stop 버튼 누르기 주 1회	나의 비합리적인 신념에 대해 알아보고 줄이기 위해서 노력하기	월화수목금토일	70점	

EDUCERE 자기계발 교육연구소

[5-6회기] 예시자료: Ellis가 제시한 9가지 비합리적인 신념

※ 아래의 내용은 사람들이 많이 가지고 있는 비합리적인 신념들입니다.
  자신이 가지고 있는 비합리적인 신념을 체크해 보십시오.

① 알고 있는 모든 중요한 사람으로부터 사랑받고, 인정받고, 이해 받아야만 가치 있는 사람이다.

② 일이 내 뜻대로 진행되지 않는다면 이는 매우 끔찍한 일이다.

③ 완벽한 능력이 있고 성공을 해야만 가치 있는 인간이다.

④ 나의 과거의 사건들이 현재의 행동을 결정한다.

⑤ 인간의 문제는 완전한 해결책이 있고 만약 그 해결책을 발견할 수 없다면 이는 끔찍한 일이다.

⑥ 나는 항상 고통이 없이 편안해야만 한다.

⑦ 인생에서의 어려움은 부딪히기보다는 피해 가는 것이 편하다.

⑧ 우리는 다른 사람에게 의지해야만 하고 의지할 강한 누군가가 있어야만 한다.

⑨ 행복이란 외부 사건들에 의해 결정되며 우리는 통제할 수 없다.

[5-6회기] 행동수정일지

별칭 :

번호	목표 행동 및 사고	구체적 목표량	구체화된 계획	요일	평가 (점수매기기)	동전던지기 실행여부(○ ×)
1						
2						
3						
Memo						

EDUCERE
자기계발 교육연구소

[5-6회기] 행동수정일지

번호	목표 행동 및 사고	구체적 목표량	구체화된 계획	요일	평가 (점수매기기)	동전던지기 실행여부(○ ×)
4						
5						
6						
Memo						

[7-8회기] 활동 2. 30년 후 실패담

별칭 :

[7-8회기] 활동 3. 재설계-최종 지도 완성하기

별칭 :

[9-10회기] 활동 1. 30년 후 성공담

별칭 :

번호	목표 행동 및 사고	구체적 목표량	구체화된 계획	요일	평가 (점수매기기)	자기보상 or 자기처벌	자기보상 또는 자기처벌 예시
1	일찍 자기	11시에 자기 주 3회	10시 45분부터 알람을 5분 간격으로 3회 설정	월 화 수 목 금 토 일			[자기보상] 1. 친구들과 맛있는 간식 먹기 2. 1시간 동안 하고 싶은 대로 하기 3. 영화 1편, 노래 등 문화생활 하기
2	진로 관련 정보 탐색하기	주 2회 1시간씩	방과 후 최신자료 스크랩하고 내가 노력해야 할 사항 점검	월 화 수 목 금 토 일			
3	자기 칭찬하기	하루 1회 이상	"잘했어!", "괜찮아!"하며 나에게 힘 부여하기	월 화 수 목 금 토 일			[자기처벌] 1. 1시간 동안 휴대 전화 사용 안하기 2. 온갖 집안일 도맡아 하기 3. 1주일 용돈 받지 않기
4	비합리적인 사고 줄이기	하루 동안 머릿속에서 stop 버튼 누르기 주 1회	나의 비합리적인 신념에 대해 알아보고 줄이기 위해서 노력하기	월 화 수 목 금 토 일			

별칭 :

행동수정일지

번호	목표 행동 및 사고	구체적 목표량	구체화된 계획	요일	평가 (점수매기기)	자기보상 or 자기처벌
1						
2						
3						
Memo						

EDUCERE
자기계발 교육연구소

별칭 :

번호	목표 행동 및 사고	구체적 목표량	구체화된 계획	요일	평가 (점수매기기)	자기보상 or 자기처벌
4						
5						
6						
Memo						

별칭 :

번호	목표 행동 및 사고	구체적 목표량	구체화된 계획	요일	평가 (점수매기기)	자기보상 or 자기처벌
1						
2						
3						
Memo						

EDUCERE 자기계발 교육연구소

행동수정일지

별칭 :

번호	목표 행동 및 사고	구체적 목표량	구체화된 계획	요일	평가 (점수매기기)	자기보상 or 자기처벌
4						
5						
6						
Memo						

행복으로 가는 나침반 시리즈 1 – 지금 어디? 5D!

EDUCERE
자기계발 교육연구소

활동지

별칭 :

활동지

별칭 :

행복으로 가는 나침반 시리즈 1 - 지금 어디? 5D!

EDUCERE
자기계발 교육연구소

프로그램 내용타당도 검증 설문지

선생님, 안녕하십니까?

본 프로그램은 고등학교 학생들의 진로준비행동 향상을 위한 셀프리더십 프로그램으로 본 프로그램 내용이 청소년들의 셀프리더십 및 진로준비행동을 향상시키는 데 적합한지 선생님의 의견을 듣고자 합니다.

평가 방법은 집단활동 프로그램을 보시고 각 단계에 따른 회기별 내용이 청소년들의 셀프리더십과 진로준비행동을 향상시키는 데 어느 정도 적합한지 Likert 5점 척도로 표시하는 방식입니다.

선생님의 의견과 평가가 본 프로그램의 완성도를 높이는 데 많은 도움이 될 것입니다. 바쁘신 중에 소중한 시간과 의견을 주셔서 대단히 감사합니다!

2014년 10월

EDUCERE 자기계발 교육연구소 소장 고성자 드림

셀프리더십 프로그램 전체 구성 내용

회기	영역	제목 (주제)	활동목표	평가				
				매우 부적합	부적합	보통	적합	매우 적합
1	자기관찰	나의 나침반과 지도	• 프로그램 목적 이해하기 • 자기 성격특성 이해하기					
2	건설적인 사고 패턴 확립	나의 N극 과 S극	• 목표에 대한 갈등상황 분석하기 • 바람직한 삶의 설계 필요성 인식하기					
3	자기목표 설정 /예행연습 /과제환경 여건의 재설계	다시 그리는 내 꿈의 지도	• 진로목표 설정/설계하기 • 진로 관련 정보수집하기					
4	예행연습 /단서관리 /과제환경 여건의 재설계	내 나침반에 맞춰서	• 목표달성 활동 실행하기 • 자신의 성격 강점을 활용한 진로준비행동 환경 조성하기					
5	자기보상 /자기처벌 /내적보상 /과제의 자기 재설계	목표를 향하여- 궤도 수정	• 실패 원인 분석하기 • 성공을 높이기 위한 방법구상 및 적용하기 • 실패와 성공 사이에서 경험하는 감정 수용하기 • 문제해결능력과 재설계 능력 키우기					
6	건설적 사고패턴 확립 /내적보상	나의 꿈, 나의 미래	• 성취 보람 느끼기 • 지속적인 행동을 위한 자기동기 부여하기					
지도조언								

프로그램을 마치며

※ 프로그램을 마친 후 여러분의 느낌과 생각을 솔직하고 성의 있게 답변해 주시기 바랍니다.
해당 되는 번호에 ✔ 해 주십시오.

1. 셀프리더십 향상 프로그램에 참여한 기간은 어떠했습니까?
　① 매우 짧았다　　② 짧았다　　　③ 적당했다　　　④ 길었다　　　⑤ 매우 길었다

2. 셀프리더십 향상 프로그램의 내용은 대체로 어떠했습니까?
　① 매우 안 좋았다　② 안 좋았다　　③ 보통이다　　　④ 좋았다　　　⑤ 매우 좋았다

3. 셀프리더십 향상 프로그램을 통해 자신이 얻은 것은 어느 정도입니까?
　① 전혀없다　　　② 약간 있다　　③ 보통이다　　　④ 많다　　　⑤ 매우 많다

4. 셀프리더십 향상 프로그램 진행 방법은 어떠했습니까?
　① 매우 안 좋았다　② 안 좋았다　　③ 보통이다　　　④ 좋았다　　　⑤ 매우 좋았다

5. 가장 좋았던 활동은 어떤 활동이었습니까?

6. 하고 싶은 말(기타 의견)

♣ 셀프리더십 향상 프로그램에 열심히 참여한 여러분께 진심으로 감사드립니다.

소 감 문

별칭 :

1. 활동을 마치고 난 후의 느낌, 소감은 어떤가요?

2. 활동을 통해 새롭게 알게 된 점은 무엇인가요?

3. 아쉬웠던 점이나 바라는 점은 무엇인가요?

진로준비행동 향상을 위한 셀프리더십 프로그램 개발 및 효과성 검증

안녕하세요?

　본 연구는 청소년 셀프리더십 향상을 위한 프로그램 개발 관련 연구입니다. 청소년 여러분의 응답내용은 프로그램 개발에 유용하게 활용될 것입니다. 각 질문에는 정답이 없으므로 솔직하게 답해 주시기 바라며, 정성껏 응답한 내용은 통계법 제 33조에 의거 연구 자료로만 사용할 것을 약속드립니다. 감사합니다!

2014년 10월

EDUCERE 자기계발 교육연구소

【 개인정보 수집 · 활용 동의서 】

「개인정보보호법」 등 관련 법규에 의거하여 본인은 개인정보 수집 및 활용에 동의함.

☐ 동의함　　　　☐ 동의하지 않음

학교　　　학년　　　반　성명 :　　　　　　　　(남, 여)

※ 자아존중감에 관한 문항입니다. 현재 본인의 생각과 얼마나 일치하는지를 판단해서 해당하는 란에 ✔표 해 주십시오.

문 항 내 용	전혀 그렇지 않다	그렇지 않다	그렇다	매우 그렇다
1. 나는 내가 다른 사람들만큼 가치 있는 사람이라고 느낀다.	①	②	③	④
2. 나는 내가 많은 장점을 가지고 있다고 생각한다.	①	②	③	④
3. 대체로 나는 실패자라고 느끼는 경향이 있다.	①	②	③	④
4. 나는 대부분의 다른 사람들처럼 일을 잘 할 수 있다.	①	②	③	④
5. 나는 자랑할 만한 것이 별로 없다.	①	②	③	④
6. 나 자신에 대해 긍정적으로 생각한다.	①	②	③	④
7. 대체로 나 자신에 대해 만족한다.	①	②	③	④
8. 내가 나 자신을 좀 더 존중할 수 있었으면 좋겠다.	①	②	③	④
9. 나는 내가 정말 쓸모없다고 느낀다.	①	②	③	④
10. 때때로 내가 전혀 좋은 사람이 아니라고 생각한다.	①	②	③	④

※ 셀프리더십에 관한 문항입니다. 본인의 생각과 가장 가까운 곳에 ✔표 해 주십시오.

문 항 내 용	전혀 그렇지 않다	그렇지 않다	보통 이다	그렇다	매우 그렇다
1. 나는 공부나 일에 대해서 구체적인 목표를 세운다.	①	②	③	④	⑤
2. 내가 세운 목표들을 염두에 두면서 공부나 과제를 수행한다.	①	②	③	④	⑤
3. 내 스스로 세운 구체적 목표를 달성하기 위해서 열심히 노력한다.	①	②	③	④	⑤
4. 나는 성과를 내기 위해서 구체적 목표들을 세분화하여 작성해 본다.	①	②	③	④	⑤
5. 나는 단기적 목표뿐만 아니라 장래에 성취하고자 하는 삶의 장기적 목표에 대해서 생각하곤 한다.	①	②	③	④	⑤
6. 나는 과제를 잘 해냈거나 시험을 잘 보면, 나를 자랑스럽게 여기고 내가 좋아하는 활동을 함으로써 스스로 보상한다.	①	②	③	④	⑤
7. 내가 한 일(혹은 공부)의 결과가 좋을 때 근사한 저녁, 영화관람, 혹은 쇼핑 등 특별한 이벤트를 함으로써 스스로에게 보상한다.	①	②	③	④	⑤
8. 내가 맡은 과제를 성공적으로 마무리하게 되면, 평상시 좋아하는 활동을 함으로써 스스로를 격려하고 보상한다.	①	②	③	④	⑤
9. 내가 맡은 과제의 결과가 좋지 않을 때, 내 자신을 힘들게 하는 생각을 하는 경향이 있다.	①	②	③	④	⑤
10. 나는 과제를 제대로 못했거나 시험을 못 보면 자책하곤 한다.	①	②	③	④	⑤
11. 내가 맡은 일을 잘 해내지 못할 때, 가끔 나 자신에 대한 불만이나 불쾌감을 드러내고 표현할 때가 있다.	①	②	③	④	⑤
12. 내가 기대했던 것만큼 성과가 보이지 않을 때 마음이 무거워지고 스스로가 실망스럽다.	①	②	③	④	⑤
13. 나는 과제를 수행하는 과정에서 내가 잘하고 있는지를 확인한다.	①	②	③	④	⑤
14. 공부나 과제를 수행할 때 내가 잘하고 있는지를 염두에 두곤 한다.	①	②	③	④	⑤
15. 나는 내가 학교나 학교생활을 잘 하고 있는지 늘 살펴보곤 한다.	①	②	③	④	⑤
16. 나는 과제를 수행하면서 내가 맡은 부분의 진행 사항과 경과들을 꼼꼼하게 점검한다.	①	②	③	④	⑤
17. 내가 해야 할 일은 잊지 않고 잘 기억할 수 있도록 기록해 둔다.	①	②	③	④	⑤
18. 내가 해야 할 일의 집중도와 성과를 높이기 위해서, 이 일들을 생각나게 하는 구체적인 방법(노트, 리스트, 핸드폰, 메모장 등)을 사용한다.	①	②	③	④	⑤

문 항 내 용	전혀 그렇지 않다	그렇지 않다	보통 이다	그렇다	매우 그렇다
19. 나는 어떤 과제를 맡든지 즐겁게 수행할 수 있는 나만의 방법을 구상한다.	①	②	③	④	⑤
20. 목표를 달성하기 위해서 내가 즐겁게 할 수 있는 방법을 찾아 스스로 동기부여를 한다.	①	②	③	④	⑤
21. 과제를 맡으면 마무리하는 것에만 신경 쓰기보다는 내가 즐겁게 할 수 있는 방법으로 일을 수행하려고 한다.	①	②	③	④	⑤
22. 나는 내가 즐기면서 할 수 있는 일 혹은 학습에서 가장 흥미로운 분야를 찾는 데 관심이 많다.	①	②	③	④	⑤
23. 나는 학교와 관련된 활동 중 불만족스러운 측면보다는 즐거운 측면의 생각들을 더 많이 한다.	①	②	③	④	⑤
24. 나는 과제를 수행하기 전에 그 일을 성공적으로 하고 있는 내 모습을 먼저 상상해 본다.	①	②	③	④	⑤
25. 나는 실제로 어떤 일을 하기 전에 성공적인 수행에 대해서 마음속에 그려본다.	①	②	③	④	⑤
26. 중요한 과제를 맡으면 내가 그 일을 잘 수행하고 있는 상상을 하곤 한다.	①	②	③	④	⑤
27. 나는 어려운 도전에 직면하게 되면 이를 잘 극복하고 있는 내 모습을 상상해 본다.	①	②	③	④	⑤
28. 나는 어려운 문제가 생기면 이를 실제로 해결하기 전에 내가 사용할 방법을 머릿속으로 시연해보곤 한다.	①	②	③	④	⑤
29. 어려운 상황을 잘 극복하기 위해서 나 자신에게 '잘 할 수 있다'고 이야기 할(소리를 내거나 마음속으로) 때가 있다.	①	②	③	④	⑤
30. 어려운 상황에 놓이게 되면 잘 이겨내기 위해서 나 자신에게 힘이 되는 이야기를 하곤 한다.	①	②	③	④	⑤
31. 어려운 문제를 해결하는 데 도움을 받기 위해서 나 자신과 대화할(소리를 내거나 생각으로) 때가 있다.	①	②	③	④	⑤
32. 어려운 상황이 생길 때마다 혹시 내 신념이나 가정들에 문제가 있는지 검토해 본다.	①	②	③	④	⑤
33. 다른 사람들과 의견 차이가 있을 때 내 생각이나 신념이 옳은지 솔직하고 분명하게 분석해 본다.	①	②	③	④	⑤
34. 힘든 일을 경험하게 되면 그 상황에 대한 내 생각이나 판단이 적절한지 평가해 보려고 노력한다.	①	②	③	④	⑤
35. 나는 평소에 내 기본 신념이나 가정들이 합리적인지를 생각해 본다.	①	②	③	④	⑤

※ 진로준비행동에 관한 문항입니다. 해당란에 ✔표 해 주십시오.

문 항 내 용	전혀 그렇지 않다	그렇지 않다	보통 이다	그렇다	매우 그렇다
1. 나는 지난 몇 주 동안 친구들과 나의 적성 및 앞으로의 진로(취업)등에 대해서 이야기를 나눈 적이 있다.	①	②	③	④	⑤
2. 나는 몇 주 동안 부모님과 나의 적성 및 앞으로의 진로(취업)등에 대해서 이야기를 나눈 적이 있다.	①	②	③	④	⑤
3. 지난 몇 개월 동안 나는 선생님과 나의 적성 및 앞으로의 진로(취업)등에 대해서 이야기를 나눈 적이 있다.	①	②	③	④	⑤
4. 지난 몇 주 동안 나는 내가 관심을 가지고 있는 직업이나 진로와 관련된 책이나 팸플릿 등을 구입하거나 혹은 읽어보았다.	①	②	③	④	⑤
5. 지난 몇 주 동안 나는 내가 관심을 가지고 있는 직업이나 진로와 관련된 교육훈련기관 혹은 교육훈련 프로그램 등에 대한 안내 책자나 팸플릿 등을 구입하거나 읽어보았다.	①	②	③	④	⑤
6. 지난 몇 개월 동안 나는 내가 관심을 가지고 있는 직업이나 진로와 관련된 기관을 직접 방문해 보았거나 혹은 그 같은 방문계획을 세운 적이 있다.	①	②	③	④	⑤
7. 지난 몇 개월 동안 나는 내가 관심을 가지고 있는 직업이나 진로와 관련된 TV프로그램, 전시회, 설명회 등을 시청하거나 참관한 적이 있다.	①	②	③	④	⑤
8. 지난 몇 개월 동안 나는 내가 관심을 가지고 있는 직업이나 진로와 관련된 전문가 혹은 직업이나 진로분야에 직접 종사하고 있는 사람들과 이야기를 나누어 본 적이 있다.	①	②	③	④	⑤
9. 지난 몇 개월 동안 나는 내가 관심을 가지고 있는 직업이나 진로와 관련된 자료를 인터넷 등을 통해 검색해 보았다.	①	②	③	④	⑤
10. 지난 몇 개월 동안 나는 진로문제를 상담하기 위하여 학교 상담실이나 그 밖의 상담기관을 방문한 경험이 있다.	①	②	③	④	⑤
11. 지난 몇 개월 동안 나는 나의 적성과 흥미, 성격 등을 정확히 알아보기 위해서 검사를 받아본 적이 있다.	①	②	③	④	⑤
12. 나는 앞으로 내가 관심을 가지고 있는 직업(진학)에 입문하기 위해서 그 준비에 필요한 교재, 참고서적, 기타 필요한 기자재 등을 구입하였다.	①	②	③	④	⑤
13. 나는 앞으로 내가 관심을 가지고 있는 직업(진학)에 입문하기 위해서 이미 구입한 교재, 참고서적, 기타 필요한 기자재 등을 가지고 진로준비를 하고 있다.	①	②	③	④	⑤
14. 나는 앞으로 내가 관심을 가지고 있는 직업(진학)에 입문하기 위해 학원 등에 다니면서 준비를 하고 있다.	①	②	③	④	⑤
15. 나는 내가 깊이 관심을 가지고 있는 업체(기관)에 대한 여러 가지 정보(자격요건, 취업방법, 보수, 승진제도, 전망)를 수집하였거나 혹은 그 같은 계획을 세우고 있다.	①	②	③	④	⑤
16. 나는 내가 설정한 진로목표(취업 혹은 진학)를 달성하기 위해 수행한 일들을 항상 체크하고 있으며, 앞으로 할 일들에 대해서도 구체적으로 계획을 세우고 있다.	①	②	③	④	⑤

※ 본인의 성격과 더 가깝다고 생각되는 □에 ☑표를 해 주십시오(택 1 예: 외향적, 내향적 둘 중 1개 선택).

□ 외향적(E)	□ 내향적(I)
폭 넓은 대인관계를 유지하고 사교적이며 정열적이고 활동적이다.	깊이 있는 대인관계를 유지하며 조용하고 신중하며 이해한 다음에 행동한다.
자기외부에 주의집중	자기내부에 주의집중
말로 표현	글로 표현
외부활동과 적극성	내부활동과 집중력
경험한 다음에 이해	이해한 다음에 경험
정열적, 활동적	조용한, 신중한
쉽게 알려짐	서서히 알려짐

□ 감각형(S)	□ 직관형(N)
오감에 의존하며 실제의 경험을 중시하고 지금, 현실에 초점을 맞추어 정확하고 철저하게 일처리한다.	육감 내지 영감에 의존하며 미래 지향적이고 가능성과 의미를 추구하며 신속, 비약적으로 일처리한다.
지금 현실에 초점	미래 가능성에 초점
사실적 사건 묘사	비유적, 암시적 묘사
실제의 경험	아이디어
나무를 보려는 경향	숲을 보려는 경향
정확하고 철저한 일처리	신속하고 비약적인 일처리
가꾸고 추수함	씨 뿌림

□ 사고형(T)	□ 감정형(F)
진실과 사실에 주로 관심을 갖고 논리적이며 분석적 · 객관적으로 사실을 판단한다.	사람과의 관계에 주로 관심을 갖고 주변 상황을 고려하여 판단한다.
진실, 사실에 주된 관심	사람, 관계에 주된 관심
맞다, 틀리다의 판단	좋다, 나쁘다의 판단
원리와 원칙	의미와 영향
규범, 기준 중시	나에게 주는 의미를 중시
논리적, 분석적	상황적, 포괄적
지적 논평	우호적 협조

□ 판단형(J)	□ 인식형(P)
분명한 목적과 방향이 있으며 기한을 엄수하고 철저히 사전에 계획하고 체계적이다.	목적과 방향은 변화 가능하고 상황에 따라 일정을 변경할 수 있으며 자율적이고 융통성이 있다.
정리정돈과 계획	상황에 맞추는 개방성
분명한 목적의식과 방향 감각	목적과 방향은 변경 가능하다는 개방성
의지적 추진	이해로 수용
신속한 결론	유유자적한 과정
뚜렷한 기준과 자기 의사	재량에 따라 처리될 수 있는 포용성
통제와 조정	융통과 적응

저자 약력

이형갑

서강대학교를 졸업한 후 열린보습학원, 열린어학원을 운영하였으며 현재는 주식회사 적성과미래의 대표이사로 재직하며 청소년들이 꿈과 진로를 탐색하고 개발하는데 도움을 주고자 노력하고 있다.

고성자

제주교육대학교를 졸업하여 초등학교 교사로 지냈고, 고려대학교에서 상담심리를 공부하여 석사학위를 받았으며, 국민대학교에서 교육심리학 전공으로 Ph. D.를 수여받았다. 이후 국민대학교 교육학과 및 교육대학원에서 강의를 했으며, 한림대학교 의과대학 연구교수를 지낸 바 있다.

홍성관

백석상담대학원에서 상담교육학을 공부하여 석사 학위 수여 후, 현재 명지대학교 청소년지도학 박사과정 중에 있다. 한국IT전문학교에서 게임심리학, 심리학개론 등의 강의 및 한국정보화진흥원 인터넷중독대응센터에서 예방강사 활동을 하고 있다.

행복으로 가는 나침반

초판 인쇄 | 2015년 4월 24일

초판 발행 | 2015년 5월 3일

지은이 | 이형갑 · 고성자 · 홍성관

펴낸이 | 이 은 경

펴낸곳 | (주)세경북스

등록번호 | 제2013-000189호

주   소 | 서울특별시 서초구 신반포로3길 8, 606호(반포프라자)

전   화 | 02-596-3596

팩   스 | 02-596-3597

정가 : 10, 000원

ISBN : 979-11-85611-62-4 13180